SONATA DE PRIMAVERA
SONATA DE ESTÍO

Memorias del Marqués de Bradomín

LITERATURA

ESPASA CALPE

RAMÓN DEL VALLE-INCLÁN

SONATA DE PRIMAVERA SONATA DE ESTÍO

Memorias del Marqués de Bradomín

Introducción
Pere Gimferrer

COLECCIÓN AUSTRAL

ESPASA CALPE

Primera edición: 23-V-1944
Vigésima primera edición: 15-XII-1996

© *Herederos de don Ramón del Valle-Inclán*

© *Espasa Calpe, S. A., Madrid, 1944, 1988*

—

Maqueta de cubierta: Enric Satué

—

Depósito legal: M. 31.871—1996

ISBN 84—239—1837—8

El texto de la presente edición reproduce el de las
últimas publicadas en vida del autor.
Imprenta Rivadeneyra, Madrid, 10 de marzo de 1933

Impreso en España/Printed in Spain
Impresión: UNIGRAF, S. L.

Editorial Espasa Calpe, S. A.
Carretera de Irún, km 12,200. 28049 Madrid

ÍNDICE

ANTE LAS «SONATAS»

I

«Un escritor exótico, y no sabemos si decir afectado, es el señor Valle-Inclán. El cuento, o mejor *nouvelle* —que es el nombre que mejor le cae—, *Epitalamio* está pensado a la francesa y escrito como el autor lo ha pensado. En *Epitalamio* parece haber exceso de elegancia espiritual o de refinamiento decadentista, un poco o un mucho rebuscado, y sutil por demás...» De 1897 es el anterior comentario de Navarro Ledesma en *El Globo,* inicio de sus hostilidades con el entonces joven escritor gallego, a quien por otro lado no dejaría de halagar que se le atacase precisamente por los rasgos más característicos de su ideal estético, prueba de que éste obtenía el deseado efecto revulsivo. («Por demás sutil» le llama Navarro Ledesma; es curioso observar que este calificativo, unido en maridaje insólito al de «depravado», es de los más frecuentes en la prosa valleinclanesca de entonces.)

Todavía en 1904, maduro el arte del primer Valle-Inclán, Ortega y Gasset escribía: «¡Cuánto me regocijaré el día que abra un libro nuevo del señor Valle-Inclán sin tropezar con ninguna de estas princesas rubias que hilan en ruecas de cristal, ni ladrones gloriosos, ni útiles incestos!» Por cierto que este día había de llegar. Sin embargo, el apasionado vigor de las *Comedias Bárbaras* o el abigarramiento sarcástico de *Tirano Banderas* o *El Ruedo Ibérico* —para no hablar de los esperpentos o del tríptico carlista— no desvanecieron enteramente ante sus contemporáneos la

imagen de este primer Valle-Inclán cosmopolita, perverso
y arbitrario, lechuguino terrible que dispone escaparates de
bazar. (El mismo Unamuno nunca llegó a perdonárselo del
todo.) Hasta fecha relativamente próxima, todavía los li-
bros de texto solían ver en Valle sobre todo el autor de las
Sonatas. Hoy la situación ha variado: la importancia de
la obra posterior y su cercanía a preocupaciones de la li-
teratura española de los últimos años del franquismo y
los de la transición han equilibrado la balanza, sin eclip-
sar, con todo —como pudo temerse—, el valor de esta pri-
mera etapa, que bastaría para consagrar a un escritor, y
no de los menores.

Entre 1889 —fecha de la publicación de su primer cuen-
to: *A media noche,* aparecido en *La Ilustración Ibérica*—
y 1906-7, época en que se inician las *Comedias Bárbaras*
y el ciclo carlista, al tiempo que los «coloquios románti-
cos» de *El Marqués de Bradomín* despiden con indecible
melancolía el anterior modo galante, puede situarse, si-
guiendo aproximadamente el criterio de Nora, la primera
etapa de Valle-Inclán. Por otro lado, un libro bastante
posterior, *La Lámpara Maravillosa* (1916) formula, a
modo de catecismo estético que afecta seguir el plan si-
nóptico de los ejercicios ignacianos, una estética vallein-
clanesca que de hecho sólo es aplicable rigurosamente a
esta primera etapa y que ha envejecido más rápidamente
que las obras destinadas a ilustrarla, aun cuando la primo-
rosa escritura del libro sea un puro deleite.

El Valle-Inclán de *Femeninas* (1895) —título del que
luego el autor no quería acordarse; no así de su contenido,
que reimprimió varias veces— era ya un esteta «depravado
y sutil» que profesaba el sacerdocio de la belleza inspirador
de *La Lámpara Maravillosa.* Aquel primer libro de Valle
apareció en Pontevedra, prologado por el erudito Manuel
Murguía, viudo ya entonces de Rosalía de Castro y un gran
amigo del padre del incipiente escritor. Contenía seis re-
latos, número que unido al título ha hecho pensar en una
querida correspondencia con las seis *Diaboliques* de Bar-
bey D'Aurevilly. En el prólogo a *Flores de almendro*

—recopilación, sin fecha en los ejemplares que he visto, de los cuentos de esta primera etapa— el editor Bergua hace decir a Valle-Inclán que no lee francés; no ha solido comentarse este extremo, que, de ser cierto, tendría alguna importancia a la hora de pesar el alcance real de los influjos que pudieron operar sobre el escritor en sus comienzos. Parece, en todo caso, que Valle-Inclán tuvo acceso a mucha literatura europea decadentista de la época por su trato con Jesús Muruais, profesor de latín del Instituto de Pontevedra. Dos autores principalmente: D'Annunzio y Barbey D'Aurevilly. También Huysmans, Eça de Queiroz, Téophile Gautier. (No olvidemos que la de Valle-Inclán en esta primera etapa es principalmente —y de ahí deriva parte de su encanto para quienes lo sentimos— literatura hecha a sabiendas sobre literatura.) La adopción de estos modelos tenía mucho de reto al asfixiante provincianismo de la sociedad española de la época; la actitud decadentista, que podía ser evasiva —es punto, con todo, muy discutible— en la Francia que había vivido los sucesos de 1871, suponía, por inusitada, un gesto de auténtica rebeldía en un joven escritor español. Ser decadente en condiciones tan incómodas es empresa suicida sin un talento extraordinario; otros que sin el de Valle lo intentaron por aquella época arruinaron su vida y nos han dejado más una gesta o leyenda personal que una obra literaria cabalmente cuajada, como en los casos de Alejandro Sawa o de Antonio de Hoyos y Vinent ocurre.

Por lo demás, las narraciones de *Femeninas* reflejan a un escritor notablemente dotado, con esta especie de simpático mimetismo de la juventud empeñada en ser perversa, y que recogía de D'Annunzio más su excepcional sensibilidad para la belleza puramente decorativa que su trasfondo filosófico. Tres de aquellos cuentos —*Tula Varona, La Niña Chole* y *Rosarito*— pueden tenerse por logros plenamente dignos de su autor, que en los tres restantes se muestra más desmañado e incurre en alguna conmovedora ingenuidad. El arte del Valle-Inclán cuentista llegaría a su plenitud en dos colecciones de relatos

publicadas en 1903: *Corte de Amor* y *Jardín Umbrío,* y en
la novela corta *Flor de Santidad,* titulada antes *Adega* y
aparecida en 1904. Excepto *Flor de Santidad,* sin embargo,
todas estas narraciones palidecen ante las *Sonatas,* obra
culminante de esta etapa, que venían a preparar hasta el
punto de que en ella se absorben hasta cuatro de tales re-
latos, que pasaron a ser episodios de la vida del Marqués
de Bradomín.

Iniciada en 1901 con el adelanto de unos fragmentos de
la *Sonata de Otoño* en *Los lunes de «El Imparcial»,* la
publicación de la tetralogía no siguió el curso natural de las
estaciones: en 1902 apareció la *Sonata de Otoño,* y a razón
de una por cada año de los tres siguientes, siguieron por este
orden las de *Estío, Primavera* e *Invierno.* Las posteriores
ediciones conjuntas restablecieron el orden cíclico natural,
que se corresponde con el que ocupan los episodios en la
vida del protagonista. Como es sabido, las *Sonatas* se
presentan a modo de fragmentos de las memorias del Mar-
qués de Bradomín, personaje cortesano y donjuanesco, de
temple aventurero, muy respetuoso con las formas y las
tradiciones, celoso valedor de la tradición hidalga española
a la que por convicción y linaje se siente vinculado. No
parece que Valle-Inclán se propusiera dar una etopeya del
personaje: la galería de actores de las *Sonatas* suele ser
borrosa, pues aquí al escritor no le interesa la psicología,
sino la creación pictórica y escenográfica de un mundo.

De «resabiada» calificó Melchor Fernández Almagro,
aun apreciando sus valores, a la *Sonata de Primavera.*
Quizá el aticismo crítico de este estudioso no será el ángulo
de visión más propicio para entusiasmarse ante el juego de
ambivalencias de una prosa alambicada hasta la autopa-
rodia voluntaria o poco menos. Matiz de arriesgado ejer-
cicio —escribir como decadente sin convicción, «desde
fuera», según subraya Nora— que representa un lujo in-
sólito en nuestra historia literaria. El Valle-Inclán de las
Sonatas, y de modo particular de la de *Primavera,* está
constantemente, por propia voluntad, al borde de la mala
literatura, y en rehuirla por.un quiebro último casi imper-

ceptible reside su placer y el nuestro. Con los años, nacería en el mundo anglosajón y se propagaría a otros ámbitos el término *camp* para designar esta ambigua cualidad de la mirada, del todo consciente en Valle.

La de *Primavera* es la más tierna y sutil de las *Sonatas*. Ambientada en una Italia que el autor no había visitado por entonces, recrea, más certeramente que el refinado y bello *pastiche* de los prerrafaelistas británicos, el auténtico clima pictórico de los primitivos italianos del siglo XV. Movimientos lentos y armoniosos, transidos de gracia melancólica, por los salones y jardines en cuyo diáfano silencio se destacan con rara pureza los sonidos: la prosa de Valle-Inclán evoca un mundo con un linaje particular de sabiduría rítmica del que no existían precedentes en castellano, salvo en la prosa de Rubén Darío. Llega incluso Valle a puntuar arbitrariamente —privilegio que, desde el momento en que la puntuación se fijó de acuerdo con normas estrictas y adquirió valor estilístico, había venido siendo exclusivo de la poesía para imprimir la deseada cadencia al período—. Los dos ecos o paráfrasis que Julio Casares señaló en esta *Sonata* resultan legítimos, lejos del plagio en el sentido usual, por la coherencia con que se integran en la obra: el de D'Annunzio *(Le vergini delle rocce)* queda diluido en la prosa dannunziana de Valle, y el de las memorias de Casanova contribuye a darle al relato el encanto de una auténtica novelita italiana. El núcleo de esta *Sonata* proviene del anterior cuento, *¡Fue Satanás!*

A la mansedumbre recoleta de la *Sonata de Primavera* se opone —de acuerdo en ambos casos, como en las otras dos *Sonatas,* con las respectivas heroína y estación— el mundo abierto, salvaje y aventurero de la *Sonata de Estío,* que tenía su precedente en el relato *La Niña Chole.* Vastas extensiones de vegetación lujuriante y fauna exótica suceden al recogimiento del jardín del palacio Gaetani; una naturaleza americana pansexualista («fiera fecunda» o «negra enamorada, potente y deseosa») a la casta campiña italiana del laurel, el mirlo y el ciprés. La *Sonata de Primavera* respetaba casi por completo las unidades de lugar,

acción y tiempo; la de *Estío* devana por los más diversos
escenarios un dédalo de peripecias tremebundas, donde al
clima sacrílego común a todas las *Sonatas* se añaden las
sombras del incesto y la homosexualidad. El carácter
extremado de tales peripecias no debe sorprendernos: se
trata nuevamente de un juego decorativo, que esta vez
requiere el recurso a los oropeles del melodrama, para
mejor expresar así su repulsa ante la realidad social y moral
«abyecta», según señalaría certeramente Octavio Paz a
propósito de los modernistas.

En 1905 quedaba conclusa la publicación de las *Sonatas*.

Las *Comedias Bárbaras,* en 1907, abrirían otra etapa del
escritor, más recia y tajante, menos dada a lo muelle y
sensualmente pictórico. Pero Valle tuvo para el mundo
anacrónico que tanto amó un último homenaje: el 25 de
enero de 1906, la compañía en que actuaba Josefina Blanco
—esposa del escritor al año siguiente— estrenó una pieza
teatral hoy poco conocida: *El Marqués de Bradomín,*
adaptación libre de la *Sonata de Otoño,* con los elementos
de las de *Primavera* e *Invierno* y de *Flor de Santidad.*
Acaso esta fantasmal cabalgata de espectros enamorados
y galantes tenga poca virtualidad escénica, aunque sólo
ante una representación podría opinarse fundadamente al
respecto. Está fuera de duda, en cambio, su punzante y
nobilísima emoción. Es la despedida de un mundo que
agoniza mientras parte al galope, hacia el camposanto de
Romance de Lobos, el potro encabritado de don Juan Ma-
nuel Montenegro.

II

Dos modos hay, sustancialmente, de escribir, y si bien
se ha dicho mil veces, conviene repetirlo ahora, aunque sea
de forma tosca, presurosa y sumaria. Puede el escritor
adelgazar el estilo casi hasta crear la ilusión de que no hay
estilo, o puede, por el contrario, adelantar el estilo hasta el
primer término del campo en que deberá ejercerse la per-
cepción del lector. Puede, en suma, llamar la atención hacia

el estilo —pues sólo así la escritura prende al lector— bien sea por elusión, bien por exceso deliberado de aparato. Al primer ideal, en castellano, tienden la prosa de Moratín o la de Juan Valera; al segundo, el verso de Góngora o el de Calderón. Más frecuente ha sido, de hecho, en verso que en prosa el género de estrategia estilística a que se adscribe Valle-Inclán: no fía en la persuasión estética del conjunto, en la sucesión acumulativa de casi imperceptibles pinceladas, en el ritmo en sordina; nada deja a la acción sedimentadora del tiempo; prescinde de que, a diferencia de la plástica, la literatura no es un arte de lo instantáneo. No: aquí el envite decisivo se juega a todo o nada en cada párrafo, en cada frase y en cada palabra, que ha de poseer invariablemente el máximo grado de intensidad expresiva y el mayor poder de contraste y la más plena imprevisibilidad posible. Desde antiguo, esta clase de exigencia es habitual en un poema; pero, aplicada a una obra en prosa de carácter narrativo, podía temerse que sofrenara o suspendiera el asentimiento del lector a la naturaleza convencional e ilusoria del tiempo del relato, que sustenta la complicidad en que se basa toda prosa que sea relación de hechos. En efecto: siendo así que a lo que realmente asistimos en una novela es a una sucesión de instantes y de escenas, parece atentar a la base misma del género una estética que se propone captar nuestro asentimiento, antes que para el decurso de tales instantes —esto es, antes que para el encadenamiento de las sucesiones— para cada instante en particular, casi al modo de esos «hechos atómicos» que según Wittgenstein transcurren en el espacio.

Y, en efecto, la regla de oro rige para toda la novela clásica, desde Joanot Martorell hasta Cervantes, desde Fielding hasta Balzac, desde Dickens hasta Stendhal. Con todo, ya en Flaubert es difícil sustraerse a la sensación de que la contienda se libra en cada vocablo y no meramente en su casi imperceptible engarzarse último. Porque en algo profundo difiere Flaubert de sus precursores: no es su horizonte tan sólo el arte compositivo de la novela, sino el arte de la prosa, y, por tanto, las relaciones entre lenguaje literario y semántica, entre dicción coloquial y estilo. La novela contemporánea sólo así se explicará cabalmente: ya sea en Joyce o en Proust, en Kafka o en Djuna Barnes, en Hermann Broch o en Nabokov, en Faulkner o en Stefano D'Arrigo.

Extrañamente yermo se nos aparecía, al menos desde el punto de vista de la historiografía literaria habitual, el panorama español en este contexto. La singularidad de Baroja, el no bien comprendido experimentalismo de Azorín —que he comentado en otra parte, y sobre el que no es cosa de extenderme aquí— semejaban ante todo excepciones individuales sin repercusión más allá de su específica excelencia aislada. Se olvidaba, hoy lo vemos, una cosa: del mismo modo que Rubén Darío sienta las bases del castellano poético de nuestro siglo (ya que, por más que ningún poeta de la modernidad, salvo el primer Juan Ramón Jiménez, sigue su estética, todos son tributarios de su actitud ante el lenguaje), el gozne en el que se produce el quiebro o cambio de óptica que separa a la narrativa clásica —cuyos últimos representantes mayores son Galdós y Clarín— de la narrativa contemporánea (esbozada e intuida, pero no más que eso, en un gran escritor decididamente excéntrico: Juan Valera, particularmente en *Morsamor,* pero no desarrollada porque el ideal literario valeriano es muy otro) se halla cabalmente en la narrativa de Valle-Inclán. No se debe a un azar o a un prodigio de un temperamento artístico por otra parte verdaderamente lleno de energía el hecho de que la fascinación valleinclanesca por el vocablo, lejos de dispersar su prosa en epifenómenos líricos para el desván de la *belle époque,* establezca el coto en que va a desarrollarse en lo sucesivo la novela contemporánea. En este sentido se percibe lo que distingue radicalmente su empresa literaria de la de otros escritores de su generación: la narrativa de Valle-Inclán es la de un D'Annunzio que, en no muchos años de rápida evolución, haciendo cada vez más estilizados el trazo y más elíptica y sintética la escritura, hubiera desembocado en la vanguardia mediante dos mecanismos: la aceleración del *tempo* y la exasperación autoparódica, sustentada en una estética del exceso. Liberado así del anacronismo y del *bibelot,* nos hallamos ante un fundador de la modernidad.

Habent sua fata libelli, sin duda; su destino tiene libros y librillos, y no sólo los libros de Valle, sino incluso un texto que muy lejos está de llegar a libro o librillo, como el que el lector está teniendo ocasión de conocer ahora. El 2 de enero de 1967, Vicente Aleixandre me escribía: «Me ha gustado mucho tu artículo sobre Valle, en una zona de su obra que sabes ver y resaltar precisamente cuando más desdeñada o descuidada está en la atención intensa que atrae el resto de sus escritos.» A lo que Vicente Aleixandre se refería es a un escrito mío de entonces que —modificado, ampliado y retocado, pero no alterado en su intención y configuración esenciales— me ha servido de base todavía para la primera parte del presente trabajo.

¿Qué ocurría en enero de 1967, por los días del centenario de Valle? Ciertamente, no muy apreciadas eran por lo común las *Sonatas.* Mas quizá no todos recuerden la situación de la literatura española en aquel momento. Sólo se habían producido dos indicios de renovación de la narrativa: *Tiempo de silencio,* de Martín Santos, aparecida a inicios de 1962, y *Señas de identidad,* de Juan Goytisolo, que, publicada en México en 1966, escasamente había podido llegar a la Península por entonces. (Me refiero, claro es, a renovación respecto a la narrativa de los años cincuenta por parte de generaciones más jóvenes: no olvido, pero no los aduzco aquí por su obvia falta de incidencia entonces, a quienes, desde el país —Cunqueiro, Torrente, Perucho— o desde el exilio —Chacel, Ayala, Sender— escribían, en levas precedentes, con otra orientación.) Y, tocante a la poesía, precisamente desde 1966 un libro mío, *Arde el mar,* era hasta la fecha el único y frágil síntoma de un posible cambio de gusto.

Dos cosas complementarias son ciertas: cada escritor crea su propia posteridad y cada generación crea sus propios antepasados. En los veinte años transcurridos, a lo que hemos asistido es pura y simplemente al despliegue simultáneo, en confluencia, de estos dos fenómenos: los escritores hemos reconocido en Valle a un antepasado y, por lo mismo, nuestro presente se ha convertido en la posteridad para la que él verdaderamente escribía. Las líneas de Aleixandre que he citado bastarían por sí solas, por lo demás, para mostrar que tal cosa no hubiera sido posible sin la complicidad histórica e incluso personal que la generación del 27 tuvo en ello, no ya en su conducta, sino en su asimilación de la estética valleinclanesca. Por lo mismo que D'Annunzio no rebasa el marco estético de sus inicios, la renovación literaria italiana se hace o bien contra D'Annunzio o bien a espaldas de D'Annunzio; la renovación literaria hispánica, en cambio, no se hace ni contra Valle ni al margen de Valle, porque Valle forma ya parte de ella. La perdurabilidad de un escritor depende, entre otras cosas, de su capacidad de incorporarse a lo que será la verdadera tradición de su época, y en este sentido la intuición de Valle y su voluntad de llevar la propuesta estética desde la que actuaba a sus últimas y más arriesgadas consecuencias no sólo es excepcional, sino casi única de las letras europeas. ¿Existe, en efecto, en ellas otro escritor que llegue a la estética contemporánea más rigurosa partiendo de la más rigurosa estética decadentista decimonónica? Sólo uno existe, y se llama Marcel Proust. En ningún sentido que importe o convenga debe llevarse más lejos el paralelismo, tratándose de artistas en tantas cosas tan visiblemente disímiles: mas lo que al cabo tienen en común —esto es, la fascinada y absoluta pasión por la palabra y el instante— los hermana, por vías distintas, en la raíz misma de la modernidad, en ese territorio de subsuelo que sustentó ya a Baudelaire y Flaubert.

PERE GIMFERRER
de la Real Academia Española

SONATA DE PRIMAVERA

SONATA DE ESTÍO

Memorias del Marqués
de Bradomín

AL SEÑOR MARQVÉS DE BRADOMÍN
DE RVBÉN DARÍO, SV AMIGO

¡Marqués —como el divino lo eres— te saludo!
Es el otoño y vengo de un Versalles doliente,
Hacía mucho frío y erraba vulgar gente,
El chorro de agua de Verlaine estaba mudo.

Me quedé pensativo ante un mármol desnudo
Cuando vi una paloma que cruzó de repente,
Y por caso de cerebración inconsciente
Pensé en ti. Toda exégesis en este caso eludo.

Versalles melancólico, una paloma, un lindo
Mármol, un vulgo errante municipal y espeso,
Anteriores lecturas de tus sutiles prosas,

La reciente impresión de tus triunfos... Prescindo
De más detalles, para explicarte por eso
Como autumnal te envío este ramo de rosas.

RUBÉN DARÍO

NOTA

Estas páginas son un fragmento de las «Memorias Amables», que ya muy viejo empezó a escribir en la emigración el Marqués de Bradomín. Un Don Juan admirable. ¡El más admirable tal vez!

Era feo, católico y sentimental.

SONATA DE PRIMAVERA

MEMORIAS DEL MARQUÉS DE BRADOMÍN

Anochecía cuando la silla de posta traspuso la Puerta Salaria y comenzamos a cruzar la campiña llena de misterio y de rumores lejanos. Era la campiña clásica de las vides y de los olivos, con sus acueductos ruinosos, y sus colinas que tienen la graciosa ondulación de los senos femeninos. La silla de posta caminaba por una vieja calzada: Las mulas del tiro sacudían pesadamente las colleras, y el golpe alegre y desigual de los cascabeles despertaba un eco en los floridos olivares. Antiguos sepulcros orillaban el camino y mustios cipreses dejaban caer sobre ellos su sombra venerable. La silla de posta seguía siempre la vieja calzada, y mis ojos fatigados de mirar en la noche, se cerraban con sueño. Al fin quedéme dormido, y no desperté hasta cerca del amanecer, cuando la luna, ya muy pálida, se desvanecía en el cielo. Poco después, todavía entumecido por la quietud y el frío de la noche, comencé a oír el canto de madrugueros gallos, y el murmullo bullente de un arroyo que parecía despertarse con el sol. A lo lejos, almenados muros se destacaban negros y sombríos sobre celajes de frío azul. Era la vieja, la noble, la piadosa ciudad de Ligura.

Entramos por la Puerta Lorenciana. La silla de posta caminaba lentamente, y el cascabeleo de las mulas hallaba un eco burlón, casi sacrílego, en las calles desiertas donde crecía la yerba. Tres viejas, que parecían tres sombras, esperaban acurrucadas a la puerta de una iglesia todavía cerrada, pero otras campanas distantes ya tocaban a la misa de alba. La silla de posta seguía una calle de huertos, de caserones y de conventos, una calle antigua, enlosada y resonante. Bajo los aleros sombríos revoloteaban los gorriones, y en el fondo de la calle el farol de una hornacina agonizaba. El tardo paso de las mulas me dejó vislumbrar una Madona: Sostenía al Niño en el regazo, y el Niño, riente y desnudo, tendía los brazos para alcanzar un pez que los dedos virginales de la madre le mostraban en alto, como en un juego cándido y celeste. La silla de posta se detuvo. Estábamos a las puertas del Colegio Clementino.

Ocurría esto en los felices tiempos del Papa-Rey, y el Colegio Clementino conservaba todas sus premáticas, sus fueros y sus rentas. Todavía era retiro de ilustres varones, todavía se le llamaba noble archivo de las ciencias. El rectorado ejercíalo desde hacía muchos años un ilustre prelado: Monseñor Estefano Gaetani, Obispo de Betulia, de la familia de los Príncipes Gaetani. Para aquel varón, lleno de evangélicas virtudes y de ciencia teológica, llevaba yo el capelo cardenalicio. Su Santidad había querido honrar mis juveniles años, eligiéndome entre sus guardias nobles, para tan alta misión. Yo soy Bibiena di Rienzo, por la línea de mi abuela paterna, Julia Aldegrina, hija del Príncipe Máximo de Bibiena que murió en 1770, envenenado por la famosa comedianta Simoneta la Cortticelli, que tiene un largo capítulo en las Memorias del Caballero de Seingalt.

Dos bedeles con sotana y birreta paseábanse en el claustro. Eran viejos y ceremoniosos. Al verme entrar corrieron a mi encuentro:

—¡Una gran desgracia, Excelencia! ¡Una gran desgracia!

Me detuve, mirándoles alternativamente:

—¿Qué ocurre?

Los dos bedeles suspiraron. Uno de ellos comenzó:

—Nuestro sabio rector...

Y el otro, lloroso y doctoral, rectificó:

—¡Nuestro amantísimo padre, Excelencia...! Nuestro amantísimo padre, nuestro maestro, nuestro guía, está en trance de muerte. Ayer sufrió un accidente hallándose en casa de su hermana...

Y aquí el otro bedel, que callaba enjugándose los ojos, ratificó a su vez:

—La Señora Princesa Gaetani, una dama española que estuvo casada con el hermano mayor de Su Ilustrísima: El Príncipe Filipo Gaetani. Aún no hace el año que falleció en una cacería. ¡Otra gran desgracia, Excelencia!...

Yo interrumpí un poco impaciente:

—¿Monseñor ha sido trasladado al Colegio?

—No lo ha consentido la Señora Princesa. Ya os digo que está en trance de muerte.

Inclinéme con solemne pesadumbre.

—¡Acatemos la voluntad de Dios!

Los dos bedeles se santiguaron devotamente. Allá en el fondo del claustro resonaba un campanilleo argentino, grave, litúrgico. Era el viático para Monseñor, y los bedeles se quitaron las birretas. Poco después, bajo los arcos, comenzaron a desfilar los colegiales: Humanistas y teólogos, doctores y bachilleres formaban larga procesión. Salían por un arco divididos en dos hileras, y rezaban con sordo rumor. Sus manos cruzadas sobre el pecho, oprimían las birretas, mientras las flotantes becas barrían las losas. Yo hinqué una rodilla en tierra y los miré pasar. Bachilleres y doctores también me miraban. Mi manto de guardia noble pregonaba quién era yo, y ellos lo comentaban en voz baja. Cuando pasaron todos, me levanté y seguí detrás. La campanilla del viático ya resonaba en el confín de la calle. De tiempo en tiempo algún viejo devoto salía de su casa con un farol encendido, y haciendo la señal de la cruz se incorporaba al cortejo. Nos detuvimos en una plaza solitaria, frente a un Palacio que tenía todas las ventanas iluminadas. Lentamente el cortejo penetró en el ancho zaguán. Bajo la bóveda, el rumor de los rezos se hizo más grave, y el argentino son de la campanilla revoloteaba glorioso sobre las voces apagadas y contritas.

Subimos la señorial escalera. Hallábanse francas todas las puertas, y viejos criados con hachas de cera nos guiaron a través de los salones desiertos. La cámara donde agonizaba Monseñor Estefano Gaetani estaba sumida en religiosa oscuridad. El noble prelado yacía sobre un lecho antiguo con dosel de seda. Tenía cerrados los ojos: Su cabeza desaparecía en el hoyo de las almohadas, y su corvo perfil de patricio romano destacábase en la penumbra inmóvil, blanco, sepulcral, como el perfil de las estatuas yacentes. En el fondo de la estancia, donde había un altar, rezaban arrodilladas la Princesa y sus cinco hijas.

La Princesa Gaetani era una dama todavía hermosa, blanca y rubia: Tenía la boca muy roja, las manos como de nieve, dorados los ojos y dorado el cabello. Al verme clavó en mí una larga mirada y sonrió con amable tristeza. Yo me incliné y volví a contemplarla. Aquella Princesa Gaetani me recordaba el retrato de María de Médicis, pintado cuando sus bodas con el Rey de Francia, por Pedro Pablo Rubens.

Monseñor apenas pudo entreabrir los ojos y alzarse sobre las almohadas, cuando el sacerdote que llevaba el viático se acercó a su lecho: Recibida la comunión, su cabeza volvió a caer desfallecida, mientras sus labios balbuceaban una oración latina, fervorosos y torpes. El cortejo comenzó a retirarse en silencio: Yo también salí de la alcoba. Al cruzar la antecámara, acercóse a mí un familiar de Monseñor:

—¿Vos, sin duda, sois el enviado de Su Santidad...?

—Así es: Soy el Marqués de Bradomín.

—La Princesa acaba de decírmelo...

—¿La Princesa me conoce?

—Ha conocido a vuestros padres.

—¿Cuándo podré ofrecerle mis respetos?

—La Princesa desea hablaros ahora mismo.

Nos apartamos para seguir la plática en el hueco de una ventana. Cuando desfilaron los últimos colegiales y quedó desierta la antecámara, miré instintivamente hacia la puerta de la alcoba, y vi a la Princesa que salía rodeada de sus hijas, enjugándose los ojos con un pañuelo de encajes. Me acerqué y le besé la mano. Ella murmuró débilmente:

—¡En qué triste ocasión vuelvo a verte, hijo mío!

La voz de la Princesa Gaetani despertaba en mi alma un mundo de recuerdos lejanos que tenían esa vaguedad risueña y feliz de los recuerdos infantiles. La Princesa continuó:

—¿Qué sabes de tu madre? De niño te parecías mucho a ella, ahora no... ¡Cuántas veces te tuve en mi regazo! ¿No te acuerdas de mí?

Yo murmuré indeciso.

—Me acuerdo de la voz...

Y callé evocando el pasado. La Princesa Gaetani me contemplaba sonriendo, y de pronto, en el dorado misterio de sus ojos, yo adiviné quién era. A mi vez sonreí: Ella entonces me dijo:

—¿Ya te acuerdas?

—Sí...

—¿Quién soy?

Volví a besar su mano, y luego respondí:

—La hija del Marqués de Agar...

Sonrió tristemente recordando su juventud, y me presentó a sus hijas:

—María del Rosario, María del Carmen, María del Pilar, María de la Soledad, María de las Nieves... Las cinco son Marías.

Con una sola y profunda reverencia las saludé a todas. La mayor, María del Rosario, era una mujer de veinte años, y la más pequeña, María de la Nieves, una niña de cinco. Todas me parecieron bellas y gentiles. María del Rosario era pálida, con los ojos negros, llenos de luz ardiente y lánguida. Las otras, en todo semejantes a su madre, tenían dorados los ojos y el cabello. La Princesa tomó asiento en un ancho sofá de damasco carmesí, y empezó a hablarme en voz baja. Sus hijas se retiraron en silencio, despidiéndose de mí con una sonrisa, que era a la vez tímida y amable. María del Rosario salió la última. Creo que además de sus labios me sonrieron sus ojos, pero han pasado tantos años, que no puedo asegurarlo. Lo que recuerdo todavía es que viéndola alejarse, sentí que una nube de vaga tristeza me cubría el alma. La Princesa se quedó un momento con la mirada fija en la puerta por donde habían desaparecido sus hijas, y luego, con aquella suavidad de dama amable y devota, me dijo:

—¡Ya las conoces!

Yo me incliné:

—¡Son tan bellas como su madre!

—Son muy buenas y eso vale más.

Yo guardé silencio, porque siempre he creído que la bondad de las mujeres es todavía más efímera que su hermosura. Aquella pobre señora creía lo contrario, y continuó:

—María Rosario entrará en un convento dentro de pocos días. ¡Dios la haga llegar a ser otra Beata Francisca Gaetani!

Yo murmuré con solemnidad:

—¡Es una separación tan cruel como la muerte!

La Princesa me interrumpió vivamente:

—Sin duda que es un dolor muy grande, pero también es un consuelo saber que las tentaciones y los riesgos del mundo no existen para ese ser querido. Si todas mis hijas entrasen en un convento, yo las seguiría feliz... ¡Desgraciadamente no son todas como María Rosario!

Calló, suspirando con la mirada abstraída, y en el fondo dorado de sus ojos yo creí ver la llama de un fanatismo trágico y sombrío. En aquel momento, uno de los familiares que velaban a Monseñor Gaetani, asomóse a la puerta de la alcoba, y allí estuvo sin hacer ruido, dudoso de turbar nuestro silencio, hasta que la Princesa se dignó interrogarle, suspirando entre desdeñosa y afable:

—¿Qué ocurre, Don Antonino?

Don Antonino juntó las manos con falsa beatitud, y entornó los ojos:

—Ocurre, Excelencia, que Monseñor desea hablar al enviado de Su Santidad.

—¿Sabe que está aquí?

—Lo sabe, sí Excelencia. Le ha visto cuando recibió la Santa Unción. Aun cuando pudiera parecer lo contrario, Monseñor no ha perdido el conocimiento un solo instante.

A todo esto yo me había puesto en pie. La Princesa me alargó su mano, que todavía en aquel trance supe besar con más galantería que respeto, y entré en la cámara donde agonizaba Monseñor.

El noble prelado fijó en mí los ojos vidriosos, moribundos, y quiso bendecirme, pero su mano cayó desfallecida a lo largo del cuerpo, al mismo tiempo que una lágrima le resbalaba lenta y angustiosa por la mejilla. En el silencio de la cámara, sólo el resuello de su respiración se escuchaba. Al cabo de un momento pudo decir con afanoso balbuceo:

—Señor Capitán, quiero que llevéis el testimonio de mi gratitud al Santo Padre...

Calló y estuvo largo espacio con los ojos cerrados. Sus labios, secos y azulencos, parecían agitados por el temblor de un rezo. Al abrir de nuevo los ojos, continuó:

—Mis horas están contadas. Los honores, las grandezas, las jerarquías, todo cuanto ambicioné durante mi vida, en este momento se esparce como vana ceniza ante mis ojos de moribundo. Dios Nuestro Señor no me abandona, y me muestra la aspereza y desnudez de todas las cosas... Me cercan las sombras de la Eternidad, pero mi alma se ilumina interiormente con las claridades divinas de la Gracia...

Otra vez tuvo que interrumpirse, y falto de fuerzas cerró los ojos. Uno de los familiares acercóse y le enjugó la frente sudorosa con un pañuelo de fina batista. Después dirigiéndose a mí, murmuró en voz baja:

—Señor Capitán, procurad que no hable.

Yo asentí con un gesto. Monseñor abrió los ojos, y nos miró a los dos. Un murmullo apagado salió de sus labios: Me incliné para oírle, pero no pude entender lo que decía. El familiar me apartó suavemente, y doblándose a su vez sobre el pecho del moribundo, pronunció con amable imperio:

—¡Ahora es preciso que descanse Su Excelencia! No habléis...

El prelado hizo un gesto doloroso. El familiar volvió a

pasarle el pañuelo por la frente, y al mismo tiempo sus ojos sagaces de clérigo italiano me indicaban que no debía continuar allí. Como ello era también mi deseo, le hice una cortesía y me alejé. El familiar ocupó un sillón que había cercano a la cabecera, y recogiendo suavemente los hábitos se dispuso a meditar, o acaso a dormir, pero en aquel momento advirtió Monseñor que yo me retiraba, y alzándose con supremo esfuerzo, me llamó:

—¡No te vayas, hijo mío! Quiero que lleves mi confesión al Santo Padre.

Esperó a que nuevamente me acercase, y con los ojos fijos en el cándido altar que había en un extremo de la cámara, comenzó:

—¡Dios mío, que me sirva de penitencia el dolor de mi culpa y la vergüenza que me causa confesarla!

Los ojos del prelado estaban llenos de lágrimas. Era afanosa y ronca su voz. Los familiares se congregaban en torno del lecho. Sus frentes inclinábanse al suelo: Todos aparentaban una gran pesadumbre, y parecían de antemano edificados por aquella confesión que intentaba hacer ante ellos el moribundo Obispo de Betulia. Yo me arrodillé. El prelado rezaba en silencio, con los ojos puestos en el crucifijo que había en el altar. Por sus mejillas descarnadas las lágrimas corrían hilo a hilo. Al cabo de un momento comenzó:

—Nació mi culpa cuando recibí las primeras cartas donde mi amigo, Monseñor Ferrati, me anunciaba el designio que de otorgarme el capelo tenía Su Santidad. ¡Cuán flaca es nuestra humana naturaleza, y cuán frágil el barro de que somos hechos! Creí que mi estirpe de Príncipe valía más que la ciencia y que la virtud de otros varones: Nació en mi alma el orgullo, el más fatal de los consejeros humanos, y pensé que algún día seríame dado regir a la Cristiandad. Pontífices y Santos hubo en mi casa, y juzgué que podía ser como ellos. ¡De esta suerte nos ciega Satanás! Sentíame viejo y esperé que la muerte allanase mi camino. Dios Nuestro Señor no quiso que llegase a vestir la sagrada púrpura, y, sin embargo, cuando llegaron inciertas y alarmantes noticias, yo temí que hiciese naufragar mis esperanzas la muerte que todos temían de Su Santidad... ¡Dios mío, he profanado tu altar rogándote que reservases aquella vida preciosa porque, segada en más lejanos días, pudiera serme propicia su muerte! ¡Dios mío, cegado por el Demonio, hasta hoy no he tenido conciencia de mi culpa! ¡Señor, tú que lees en el fondo de las almas, tú que conoces mi pecado y mi arrepentimiento, devuélveme tu Gracia!

Calló, y un largo estremecimiento de agonía recorrió su cuerpo. Había hablado con apagada voz, impregnada de apacible y sereno desconsuelo. La huella de sus ojeras se difundió por la mejilla, y sus ojos cada vez más hundidos en las cuencas, se nublaron con una sombra de muerte. Luego quedó estirado, rígido, indiferente, la cabeza torcida, entreabierta la boca por la respiración, el pecho agitado. Todos permanecimos de rodillas, irresolutos, sin osar llamarle ni movernos por no turbar aquel reposo que nos causaba horror. Allá abajo exhalaba su perpetuo sollozo la fuente que había en medio de la plaza, y se oían las voces de unas niñas que jugaban a la rueda: Cantaban una antigua letra de cadencia lánguida y nostálgica. Un rayo de sol abrileño y matinal, brillaba en los vasos sagrados del altar, y los familiares rezaban en voz baja, edificados por aquellos devotos escrúpulos que torturaban el alma cándida del prelado... Yo, pecador de mí empezaba a dormirme, que había corrido toda la noche en silla de posta, y cansa cuando es larga una jornada.

Al salir de la cámara donde agonizaba Monseñor Gaetani, halléme con un viejo y ceremonioso mayordomo que me esperaba en la puerta.

—Excelencia, mi Señora la Princesa me envía para que os muestre vuestras habitaciones.

Yo apenas pude reprimir un estremecimiento. En aquel instante, no sé decir qué vago aroma primaveral traía a mi alma el recuerdo de las cinco hijas de la Princesa. Mucho me alegraba la idea de vivir en el Palacio Gaetani, y, sin embargo, tuve valor para negarme:

—Decid a vuestra Señora la Princesa Gaetani toda mi gratitud, y que me hospedo en el Colegio Clementino.

El mayordomo pareció consternado:

—Excelencia, creedme que le causáis una gran contrariedad. En fin, si os negáis, tengo orden de llevarle recado. Os dignaréis esperar algunos momentos. Está terminando de oír misa.

Yo hice un gesto de resignación:

—No le digáis nada. Dios me perdonará si prefiero este Palacio, con sus cinco doncellas encantadas, a los graves teólogos del Colegio Clementino.

El mayordomo me miró con asombro, como si dudase de mi juicio. Después mostró deseos de hablarme, pero tras algunas vacilaciones, terminó indicándome el camino, acompañando la acción tan sólo con una sonrisa. Yo le seguí. Era un viejo rasurado, vestido con largo levitón eclesiástico que casi le rozaba los zapatos ornados con hebillas de plata. Se llamaba Polonio, andaba en la punta de los pies, sin hacer ruido, y a cada momento se volvía para hablarme en voz baja y llena de misterio:

—Pocas esperanzas hay de que Monseñor reserve la vida...

Y después de algunos pasos:

—Yo tengo ofrecida una novena a la Santa Madona.

Y un poco más allá, mientras levantaba una cortina:

—No estaba obligado a menos. Monseñor me había prometido llevarme a Roma.

Y volvió a continuar la marcha:

—¡No lo quiso Dios...! ¡No lo quiso Dios...!

De esta suerte atravesamos la antecámara, y un salón casi oscuro y una biblioteca desierta. Allí el mayordomo se detuvo palpándose las faltriqueras de su calzón, ante una puerta cerrada:

—¡Válgame Dios...! He perdido mis llaves...

Todavía continuó registrándose: Al cabo dio con ellas, abrió y apartóse dejándome paso:

—La Señora Princesa desea que dispongáis del salón, de la biblioteca y de esta cámara.

Yo entré. Aquella estancia me pareció en todo semejante a la cámara en que agonizaba Monseñor Gaetani. También era honda y silenciosa, con antiguos cortinajes de damasco carmesí. Arrojé sobre un sillón mi manto de guardia noble, y me volví mirando los cuadros que colgaban de los muros. Eran antiguos lienzos de la escuela florentina, que representaban escenas bíblicas —Moisés salvado de las aguas, Susana y los ancianos, Judith con la cabeza de Holofernes—. Para que pudiese verlos mejor, el mayordomo corrió de un lado al otro levantando todos los cortinajes de las ventanas. Después me dejó contemplarlos en silencio: Andaba detrás de mí como una sombra, sin dejar caer de los labios la sonrisa, una vaga sonrisa doctoral. Cuando juzgó que los había mirado a todo sabor y talante, acercóse en la punta de los pies y dejó oír su voz cascada, más amable y misteriosa que nunca:

—¿Qué os parece? Son todos de la misma mano... ¡Y qué mano...!

Yo le interrumpí:

—¿Sin duda, Andrea del Sarto?

El Señor Polonio adquirió un continente grave, casi solemne:

—Atribuidos a Rafael.

Me volví a dirigirles una nueva ojeada, y el Señor Polonio continuó:

—Reparad que tan sólo digo atribuidos. En mi humilde parecer valen más que si fuesen de Rafael... ¡Yo los creo del Divino!

—¿Quién es el Divino?

El mayordomo abrió los brazos definitivamente consternado:

—¿Y vos me lo preguntáis, Excelencia? ¡Quién puede ser sino Leonardo de Vinci...!

Y guardó silencio, contemplándome con verdadera lástima. Yo apenas disimulé una sonrisa burlona: El Señor Polonio aparentó no verla, y, sagaz como un cardenal romano, comenzó a adularme:

—Hasta hoy no había dudado... Ahora os confieso que dudo. Excelencia, acaso tengáis razón. Andrea del Sarto pintó mucho en el taller de Leonardo, y sus cuadros de esa época se parecen tanto, que más de una vez han sido confundidos... En el mismo Vaticano hay un ejemplo: La Madona de la Rosa. Unos la juzgan del Vinci y otros del Sarto. Yo la creo del marido de Doña Lucrecia del Fede, pero tocada por el Divino. Ya sabéis que era cosa frecuente entre maestros y discípulos.

Yo le escuchaba con un gesto de fatiga. El Señor Polonio, al terminar su oración, me hizo una profunda reverencia, y corrió con los brazos en alto, de una en otra ventana, soltando los cortinajes. La cámara quedó en una media luz propicia para el sueño. El Señor Polonio se despidió en voz baja, como si estuviese en una capilla, y salió sin ruido, cerrando tras sí la puerta... Era tanta mi fatiga, que dormí hasta la caída de la tarde. Me desperté soñando con María Rosario.

La biblioteca tenía tres puertas que daban sobre una terraza de mármol. En el jardín las fuentes repetían el comentario voluptuoso que parecen hacer a todo pensamiento de amor, sus voces eternas y juveniles. Al inclinarme sobre la balaustrada, yo sentí que el hálito de la Primavera me subía al rostro. Aquel viejo jardín de mirtos y de laureles mostrábase bajo el sol poniente lleno de gracia gentílica. En el fondo, caminando por los tortuosos senderos de un laberinto, las cinco hermanas se aparecían con las faldas llenas de rosas, como en una fábula antigua. A lo lejos, surcado por numerosas velas latinas que parecían de ámbar, extendíase el Mar Tirreno. Sobre la playa de dorada arena morían mansas las olas, y el son de los caracoles con que anunciaban los pescadores su arribada a la playa, y el ronco canto del mar, parecían acordarse con la fragancia de aquel jardín antiguo donde las cinco hermanas se contaban sus sueños juveniles, a la sombra de los rosáceos laureles.

Se habían sentado en un gran banco de piedra a componer sus ramos. Sobre el hombro de María Rosario estaba posada una paloma, y en aquel cándido suceso yo hallé la gracia y el misterio de una alegoría. Tocaban a fiesta unas campanas de aldea, y la iglesia se perfilaba a lo lejos en lo alto de una colina verde, rodeada de cipreses. Salía la procesión, que anduvo alrededor de la iglesia, y distinguíanse las imágenes en sus andas, con los mantos bordados que brillaban al sol, y los rojos pendones parroquiales que iban delante, flameando victoriosos como triunfos litúrgicos. Las cinco hermanas se arrodillaron sobre la yerba, y juntaron las manos llenas de rosas.

Los mirlos cantaban en las ramas, y sus cantos se respondían encadenándose en un ritmo remoto como las olas del mar. Las cinco hermanas habían vuelto a sentarse: Tejían sus ramos en silencio, y entre la púrpura de las rosas revoloteaban como albas palomas sus manos, y los rayos del sol que pasaban a través del follaje, temblaban en ellas como místicos haces encendidos. Los tritones y las sirenas de las fuentes borboteaban su risa quimérica, y las aguas de plata corrían con juvenil murmullo por las barbas limosas de los viejos monstruos marinos que se inclinaban para besar a las sirenas, presas en sus brazos. Las cinco hermanas se levantaron para volver al Palacio. Caminaban lentamente por los senderos del laberinto, como princesas encantadas que acarician un mismo ensueño. Cuando hablaban, el rumor de sus voces se perdía en los rumores de la tarde, y sólo la onda primaveral de sus risas se levantaba armónica bajo la sombra de los clásicos laureles.

Cuando penetré en el salón de la Princesa, ya estaban las luces encendidas. En medio del silencio resonaba llena de gravedad la voz de un Colegial Mayor, que conversaba con las señoras que componían la tertulia de la Princesa Gaetani. El salón era dorado y de un gusto francés, femenino y lujoso. Amorcillos con guirnaldas, ninfas vestidas de encajes, galantes cazadores y venados de enramada cornamenta poblaban la tapicería del muro, y sobre las consolas, en graciosos grupos de porcelana, duques pastores ceñían el florido talle de marquesas aldeanas. Yo me detuve un momento en la puerta. Al verme, las damas que ocupaban el estrado, suspiraron, y el Colegial Mayor se puso en pie:

—Permítame el Señor Capitán que le salude en nombre de todo el Colegio Clementino.

Y me alargó su mano carnosa y blanca, que parecía reclamar la pastoral amatista. Por privilegio pontificio vestía beca de terciopelo, que realzaba su figura prócer y llena de majestad. Era un hombre joven, pero con los cabellos blancos. Tenía los ojos llenos de fuego, la nariz aguileña y la boca de estatua, firme y bien dibujada. La Princesa me lo presentó con un gesto lleno de languidez sentimental:

—Monseñor Antonelli. ¡Un sabio y un santo!

Yo me incliné:

—Sé, Princesa, que los cardenales romanos le consultan las más arduas cuestiones teológicas, y la fama de sus virtudes a todas partes llega...

El Colegial interrumpió con su grave voz, reposada y amable:

—No soy más que un filósofo, entendiendo la filosofía como la entendían los antiguos: Amor a la sabiduría.

Después, volviendo a sentarse, continuó:

—¿Habéis visto a Monseñor Gaetani? ¡Qué desgracia! ¡Tan grande como impensada!

Todos guardamos un silencio triste. Dos señoras ancianas, las dos vestidas de seda con noble severidad, interrogaban a un mismo tiempo y con la misma voz:

—¿No hay esperanzas?

La Princesa suspiró:

—No las hay... Solamente un milagro.

De nuevo volvió el silencio. En el otro extremo del salón las hijas de la Princesa bordaban un paño de tisú, las cinco sentadas en rueda. Hablaban en voz baja las unas con las otras, y sonreían con las cabezas inclinadas. Sólo María Rosario permanecía silenciosa, y bordaba lentamente como si soñase. Temblaba en las agujas el hilo de oro, y bajo los dedos de las cinco doncellas nacían las rosas y los lirios de la flora celeste que puebla los paños sagrados. De improviso, en medio de aquella paz, resonaron tres aldabadas. La Princesa palideció mortalmente: Los demás no hicieron sino mirarse. El Colegial Mayor se puso en pie:

—Permitirán que me retire. No creí que fuese tan tarde... ¿Cómo han cerrado ya las puertas?

La Princesa repuso temblando:

—No las han cerrado.

Y las dos ancianas vestidas de seda negra susurraron:

—¡Algún insolente!

Cambiaron entre ellas una mirada tímida, como para infundirse ánimo, y quedaron atentas, con un ligero temblor. Las aldabadas volvían a sonar, pero esta vez era dentro del Palacio Gaetani. Una ráfaga pasó por el salón y apagó algunas luces. La Princesa lanzó un grito. Todos la rodeamos. Ella nos miraba con los labios trémulos y los ojos asustados. Insinuó una voz:

—Cuando murió el Príncipe Filipo, ocurrió esto... ¡Y él lo contaba de su padre!

En aquel momento el Señor Polonio apareció en la puerta del salón, y en ella se detuvo. La Princesa incorporóse en el sofá, y se enjugó los ojos. Después, con noble entereza, le interrogó:

—¿Ha muerto?

El mayordomo inclinó la frente:

—¡Ya goza de Dios!

Una onda de gemidos se levantó en el estrado. Las damas rodearon a la Princesa, que con el pañuelo sobre los ojos se desmayaba lánguidamente en el canapé, y el Colegial Mayor se santiguó.

María Rosario, con los ojos arrasados de lágrimas guardaba lentamente sus agujas y su hilo de oro. Yo la veía en el otro extremo del salón, inclinada sobre un menudo y cincelado cofre que sostenía abierto en el regazo. Sin duda rezaba en voz baja, porque sus labios se movían débilmente. En su mejilla temblaba la sombra de las pestañas, y yo sentía que en el fondo de mi alma aquel rostro pálido temblaba con el encanto misterioso y poético que tiembla en el fondo de un lago el rostro de la luna. María Rosario cerró el cofre, y dejando en él la llave de oro, lo puso sobre la alfombra para tomar en brazos a la más niña de sus hermanas, que lloraba asustada. Después se inclinó, besándola. Yo veía cómo la infantil y rubia guedeja de María Nieves desbordaba sobre el brazo de María Rosario, y hallaba en aquel grupo la gracia cándida de esos cuadros antiguos que pintaron los monjes devotos de la Virgen. La niña murmuró:

—¡Tengo sueño!

—¿Quieres que llame a tu doncella para que te acueste?

—Malvina me deja sola. Se figura que estoy durmiendo y se va muy despacio, y cuando quedo sola tengo miedo.

María Rosario alzóse con la niña en brazos, y como una sombra silenciosa y pálida atravesó el salón. Yo acudí presuroso a levantar el cortinaje de la puerta. María Rosario pasó con los ojos bajos, sin mirarme. La niña, en cambio, volvió hacia mí sus claras pupilas llenas de lágrimas, y me dijo con una voz muy tenue:

—Buenas noches, Marqués, hasta mañana.

—Adiós, preciosa.

Y con el alma herida por el desdén que María Rosario me mostrara, volví al estrado, donde la Princesa seguía con el pañuelo sobre los ojos. Las ancianas de su tertulia la rodeaban, y de tiempo en tiempo se volvían aconsejadoras

y prudentes para hablar en voz baja con las niñas, que
también suspiraban, pero con menos dolor que su madre:

—Hijas mías, debéis hacer que se acueste.

—Hay que disponer los lutos.

—¿Dónde ha ido María Rosario?

El Colegial Mayor también dejaba oír alguna vez su voz
grave y amable. Cada palabra suya producía un murmullo
de admiración entre las señoras. La verdad es que cuanto
manaba en sus labios parecía lleno de ciencia teológica y
de unción cristiana. De rato en rato fijaba en mí una mirada
rápida y sagaz, y yo comprendía con un estremecimiento,
que aquellos ojos negros querían leer en mi alma. Yo era
el único que allí permanecía silencioso, y acaso el único
que estaba triste. Adivinaba, por primera vez en mi vida,
todo el influjo galante de los prelados romanos, y acudía
a mi memoria la leyenda de sus fortunas amorosas. Con-
fieso que hubo instantes donde olvidé la ocasión, el sitio
y hasta los cabellos blancos que peinaban aquellas nobles
damas, y que tuve celos, celos rabiosos del Colegial Ma-
yor. De pronto me estremecí. Hacía un momento que ca-
llaban todos, y en medio del silencio, el Colegial se acer-
caba a mí. Posó familiar su diestra sobre mi hombro, y me
dijo:

—Caro Marqués, es preciso enviar un correo a Su San-
tidad.

Yo me incliné:

—Tenéis razón, Monseñor.

Y él repuso con extremada cortesía:

—Me congratula que seáis del mismo consejo... ¡Qué
gran desgracia, Marqués!

—¡Muy grande, Monseñor!

Nos miramos de hito en hito, con un profundo conven-
cimiento de que fingíamos por igual, y nos separamos. El
Colegial Mayor volvió al lado de la Princesa, y yo salí del
salón para escribir al Cardenal Camarlengo, que lo era
entonces Monseñor Sassoferrato.

María Rosario, en aquella hora fortuita, tal vez estaba velando el cadáver de Monseñor Gaetani. Tuve este pensamiento al entrar en la biblioteca, llena de silencio y de sombras. Vino del mundo lejano, y pasó sobre mi alma como soplo de aire sobre un lago de misterio. Sentí en las sienes el frío de unas manos mortales, y, estremecido, me puse en pie. Quedó abandonado sobre la mesa el pliego de papel, donde solamente había trazado la cruz, y dirigí mis pasos hacia la cámara mortuoria. El olor de la cera llenaba el Palacio. Criados silenciosos velaban en los largos corredores, y en la antecámara paseaban dos familiares, que me saludaron con una inclinación de cabeza. Sólo se oía el rumor de sus pisadas y el chisporroteo de los cirios que ardían en la alcoba.

Yo llegué hasta la puerta y me detuve: Monseñor Gaetani yacía rígido en su lecho, amortajado con hábito franciscano: En las manos yertas sostenía una cruz de plata, y sobre su rostro marfileño, la llama de los cirios tan pronto ponía un resplandor como una sombra. Allá, en el fondo de la estancia, rezaba María Rosario. Yo permanecí un momento mirándola. Ella levantó los ojos, se santiguó tres veces, besó la cruz de sus dedos, y poniéndose en pie vino hacia la puerta:

—¿Marqués, queda mi madre en el salón?

—Allí la dejé...

—Es preciso que descanse, porque ya lleva así dos noches... ¡Adiós, Marqués!

—¿No queréis que os acompañe?

Ella se volvió:

—Acompañadme, sí... La verdad es que María Nieves me ha contagiado su miedo...

Atravesamos la antecámara. Los familiares detuvieron un momento el silencioso pasear, y sus ojos inquisidores nos siguieron hasta la puerta. Salimos al corredor que estaba solo, y sin poder dominarme estreché una mano de María Rosario y quise besarla, pero ella la retiró con vivo enojo:

—¿Qué hacéis?

—¡Que os adoro! ¡Que os adoro!

Asustada, huyó por el largo corredor. Yo la seguí:

—¡Os adoro! ¡Os adoro!

Mi aliento casi rozaba su nuca, que era blanca como la de una estatua y exhalaba no sé qué aroma de flor y de doncella.

—¡Os adoro! ¡Os adoro!

Ella suspiró con angustia:

—¡Dejadme! ¡Por favor, dejadme!

Y sin volver la cabeza, azorada, trémula, huía por el corredor. Sin aliento y sin fuerzas se detuvo en la puerta del salón. Yo todavía murmuré a su oído:

—¡Os adoro! ¡Os adoro!

María Rosario se pasó la mano por los ojos y entró. Yo entré detrás atusándome el mostacho. María Rosario se detuvo bajo la lámpara y me miró con ojos asustados, enrojeciendo de pronto. Luego quedó pálida, pálida como la muerte. Vacilando, se acercó a sus hermanas, y tomó asiento entre ellas, que se inclinaron en sus sillas para interrogarla. Apenas respondía. Se hablaban en voz baja con tímida mesura, y en los momentos de silencio oíase el péndulo de un reloj. Poco a poco había ido menguando la tertulia. Solamente quedaban aquellas dos señoras de los cabellos blancos y los vestidos de gro negro. Ya cerca de media noche la Princesa consintió en retirarse a descansar, pero sus hijas continuaron en el salón velando hasta el día, acompañadas por las dos señoras que contaban historias de su juventud. Recuerdos de antiguas modas femeninas y de las guerras de Bonaparte. Yo escuchaba distraído, y desde el fondo de un sillón, oculto en la sombra, contemplaba a María Rosario. Parecía sumida en un ensueño. Su boca, pálida de ideales nostalgias, permanecía anhelante, como si hablase con las almas invisibles, y sus ojos inmóviles, abiertos sobre el infinito, miraban sin ver. Al contemplarla, yo sentía que en mi corazón se levantaba el amor, ardiente y trémulo como una llama mística. Todas mis pasiones se purificaban en aquel fuego sagrado y aromaban como gomas de Arabia. ¡Han pasado muchos años y todavía el recuerdo me hace suspirar!

Ya cerca del amanecer me retiré a la biblioteca. Era forzoso escribir al Cardenal Camarlengo, y decidí hacerlo en aquellas horas de monótona tristeza, cuando todas las campanas de Ligura se despertaban tocando a muerto, y prestes y arciprestes con rezo latino encomendaban a Dios el alma del difunto Obispo de Betulia. En mi carta, dile a Monseñor Sassoferrato cuenta de todo muy extensamente, y luego de haber lacrado y puesto los cinco sellos con las armas pontificias, llamé al mayordomo y le entregué el pliego para que sin pérdida de momento un correo lo llevase a Roma. Hecho esto me dirigí al oratorio de la Princesa, donde sin intervalo se sucedían las misas desde antes de rayar el sol. Primero habían celebrado los familiares que velaran el cadáver de Monseñor Gaetani, después los capellanes de la casa, y luego algún obeso colegial mayor que llegaba apresurado y jadeante. La Princesa había mandado franquear las puertas del Palacio, y a lo largo de los corredores sentíase el sordo murmullo del pueblo que entraba a visitar el cadáver. Los criados vigilaban en las antesalas, y los acólitos pasaban y repasaban con su ropón rojo y su roquete blanco, metiéndose a empujones por entre los devotos.

Al entrar en el oratorio, mi corazón palpitó. Allí estaba María Rosario, y cercano a ella tuve la suerte de oír misa. Recibida la bendición, me adelanté a saludarla. Ella me respondió temblando. También mi corazón temblaba, pero los ojos de María Rosario no podían verlo. Yo hubiérale rogado que pusiese su mano sobre mi pecho, pero temí que desoyese mi ruego. Aquella niña era cruel como todas las santas que tremolan en la tersa diestra la palma virginal. Confieso que yo tengo predilección por aquellas otras que primero han sido grandes pecadoras. Desgraciadamente María Rosario nunca quiso comprender que era su destino mucho menos bello que el de María de Magdala. La pobre no sabía que lo mejor de la santidad son las tentaciones. Quise ofrecerle agua bendita, y con galante apresuramiento me adelanté a tomarla. María Rosario tocó apenas mis dedos, y haciendo la señal de la cruz, salió del oratorio. Salí detrás, y pude verla un momento en el fondo tenebroso del corredor, hablando con el mayordomo. Al parecer le daba órdenes en voz baja. Volvió la cabeza, y viendo que me acercaba, enrojeció vivamente. El mayordomo exclamó:

—¡Aquí está el Señor Marqués!

Y luego, dirigiéndose a mí con una profunda reverencia, continuó:

—Excelencia, perdonad que os moleste, pero decid si estáis quejoso de mí. ¿He cometido con vos alguna falta, acaso algún olvido...?

María Rosario le interrumpió con enojo:

—Callad, Polonio.

El melifluo mayordomo pareció consternado:

—¿Qué hice yo para merecer...?

—Os digo que calléis.

—Y os obedezco, pero como me reprocháis haber descuidado el servicio del Señor Marqués...

María Rosario, con las mejillas llameantes y la voz timbrada de cólera y de lágrimas, volvió a interrumpir:

—Os mando que calléis. Son insoportables vuestras explicaciones.

—¿Qué hice yo, cándida paloma, qué hice yo?

María Rosario, con un poco más de indulgencia, murmuró:

—¡Basta...! ¡Basta...! Perdonad, Marqués.

Y haciéndome una leve cortesía, se alejó. El mayordomo quedóse en medio del corredor con las manos en la cabeza y los ojos llorosos:

—Hubiérame tratado así una de sus hermanas, y me hubiera reído... La más pequeña no ignora que es princesina. No, no me hubiera reído, porque son mis señoras... Pero ella, ella que jamás ha reñido con nadie, venir a reñir

hoy con este pobre viejo... ¡Y qué injustamente, qué in-
justamente!

Yo le pregunté con una emoción para mí desconocida
hasta entonces:

—¿Es la mejor de sus hermanas?

—Y la mejor de las criaturas. Esa niña ha sido engen-
drada por los ángeles...

Y el Señor Polonio, enternecido, comenzó un largo
relato de las virtudes que adornaban el alma de aquella
doncella hija de príncipes, y era el relato del viejo ma-
yordomo ingenuo y sencillo, como los que pueblan la Le-
yenda Dorada.

¡Llegaban por el cadáver de Monseñor...! Y el mayordomo partióse de mi lado muy afligido y presuroso. Todas las campanas de la histórica ciudad doblaban a un tiempo. Oíase el canto latino de los clérigos resonando bajo el pórtico del Palacio, y el murmullo de la gente que llenaba la plaza. Cuatro colegiales mayores bajaron en hombros el féretro, y el duelo se puso en marcha. Monseñor Antonelli me hizo sitio a su derecha, y con humildad, que me pareció estudiada, comenzó a dolerse de lo mucho que con la muerte de aquel santo y de aquel sabio perdía el Colegio Clementino. Yo a todo asentía con un vago gesto, y disimuladamente miraba a las ventanas llenas de mujeres. Monseñor tardó poco en advertirlo, y me dijo con una sonrisa tan amable como sagaz:

—Sin duda no conocéis nuestra ciudad.

—No, Monseñor.

—Si permanecéis algún tiempo entre nosotros y queréis conocerla, yo me ofrezco a ser vuestro guía. ¡Está llena de riquezas artísticas!

—Gracias, Monseñor.

Seguimos en silencio. El son de las campanas llenaba el aire, y el grave cántico de los clérigos parecía reposar en la tierra, donde todo es polvo y podredumbre. Jaculatorias, misereres, responsos caían sobre el féretro como el agua bendita del hisopo. Encima de nuestras cabezas las campanas seguían siempre sonando, y el sol, un sol abrileño, joven y rubio como un mancebo, brillaba en las vestiduras sagradas, en la seda de los pendones y en las cruces parroquiales con un alarde de poder pagano.

Atravesamos casi toda la ciudad. Monseñor había dispuesto que se diese tierra a su cuerpo en el Convento de los Franciscanos, donde hacía más de cuatro siglos tenían enterramiento los Príncipes Gaetani. Una tradición piadosa, dice que el Santo de Asís fundó el Convento de Ligura, y que vivió allí algún tiempo. Todavía florece en el huerto, el viejo rosal que se cubría de rosas en todas las ocasiones que visitaba aquella fundación el Divino Francisco. Llegamos entre dobles de campanas. En la puerta de la iglesia, alumbrándose con cirios, esperaba la Comunidad dividida en dos largas hileras. Primero los novicios, pálidos, ingenuos, demacrados. Después los profesos, sombríos, torturados, penitentes. Todos rezaban con la vista baja y sobre las sandalias los cirios lloraban gota a gota su cera amarilla.

Dijéronse muchas misas, cantóse un largo entierro, y el ataúd bajó al sepulcro que esperaba abierto desde el amanecer. Cayó la losa encima, y un colegial me buscó con deferencia cortesana, para llevarme a la sacristía. Los frailes seguían murmurando sus responsos, y la iglesia iba quedando en soledad y en silencio. En la sacristía saludé a muchos sabios y venerables teólogos que me edificaron con sus pláticas. Luego vino el Prior, un anciano de blanca barba, que había vivido largos años en los Santos Lugares. Me saludó con dulzura evangélica, y haciéndome sentar a su lado comenzó a preguntarme por la salud de Su Santidad. Los graves teólogos hicieron corro para escuchar mis nuevas, y como era muy poco lo que podía decirles, tuve que inventar en honor suyo toda una leyenda piadosa y milagrera. ¡Su Santidad recobrando la lozanía juvenil por medio de una reliquia! El Prior con el rostro resplandeciente de fe, me preguntó:

—¿De qué Santo era, hijo mío?

—De un Santo de mi familia.

Todos se inclinaron como si yo fuese el Santo. El temblor de un rezo pasó por las luengas barbas, que salían del misterio de las capuchas y, en aquel momento, yo sentí el deseo de arrodillarme y besar la mano del Prior. Aquella mano que sobre todos mis pecados podía hacer la cruz: Ego te Absolvo.

Cuando volví al Palacio Gaetani, hallé a María Rosario en la puerta de la capilla repartiendo limosnas entre una corte de mendigos que alargaban las manos escuálidas bajo los rotos mantos. María Rosario era una figura ideal que me hizo recordar aquellas santas hijas de príncipes y de reyes: Doncellas de soberana hermosura, que con sus manos delicadas curaban a los leprosos. El alma de aquella niña encendíase con el mismo anhelo de santidad. A una vieja encorvada le decía:

—¿Cómo está tu marido, Liberata?

—¡Siempre lo mismo, señorina...! ¡Siempre lo mismo!

Y después de recoger su limosna y de besarla, retirábase la vieja salmodiando bendiciones, temblona sobre su báculo. María Rosario la miraba un momento, y luego sus ojos compasivos se tornaban hacia otra mendiga que daba el pecho a un niño escuálido, envuelto en el jirón de un manto:

—¿Es tuyo ese niño, Paula?

—No, Princesina. Era de una curmana que se ha muerto. Tres ha dejado la pobre, éste es el más pequeño.

—¿Y tú lo has recogido?

—¡La madre me lo recomendó al morir!

—¿Y qué es de los otros dos?

—Por esas calles andan. El uno tiene cinco años, el otro siete. ¡Pena da mirarlos, desnudos como ángeles del Cielo!

María Rosario tomó en brazos al niño, y lo besó con dos lágrimas en los ojos. Al entregárselo a la mendiga le dijo:

—Vuelve esta tarde y pregunta por el Señor Polonio.

—¡Gracias, mi señorina!

Un murmullo, ardiente como una oración, entreabrió las bocas renegridas y tristes de aquellos mendigos:

—¡La pobre madre se lo agradecerá en el Cielo!

María Rosario continuó:

—Y si encuentras a los otros dos pequeños, tráelos también contigo.

—Los otros, hoy no sé dónde poder hallarlos, mi Princesina.

Un viejo de calva sien y luenga barba nevada, sereno y evangélico en su pobreza, se adelantó gravemente:

—Los otros, aunque cativo, tienen también amparo. Los ha recogido Barberina la Prisca, una viuda lavandera que también a mí me tiene recogido.

Y el viejo, que insensiblemente había ido algunos pasos hacia adelante, retrocedió tentando en el suelo con el báculo, y en el aire con una mano, porque era ciego. María Rosario lloraba en silencio, y resplandecía hermosa y cándida como una Madona, en medio de la sórdida corte de mendigos que se acercaban de rodillas para besarle las manos. Aquellas cabezas humildes, demacradas, miserables, tenían una expresión de amor. Yo recordé entonces los antiguos cuadros, vistos tantas veces en un antiguo monasterio de la Umbría, tablas prerrafaélicas, que pintó en el retiro de su celda un monje desconocido, enamorado de los ingenuos milagros que florecen la leyenda de la reina de Turingia.

María Rosario también tenía una hermosa leyenda, y los lirios blancos de la caridad también la aromaban. Vivía en el Palacio como en un convento. Cuando bajaba al jardín traía la falda llena de espliego que esparcía entre sus vestidos, y cuando sus manos se aplicaban a una labor monjil, su mente soñaba sueños de santidad. Eran sueños albos como las parábolas de Jesús, y el pensamiento acariciaba los sueños, como la mano acaricia el suave y tibio plumaje de las palomas familiares. María Rosario hubiera querido convertir el Palacio en albergue donde se recogiese la procesión de viejos y lisiados, de huérfanos y locos que llenaba la capilla pidiendo limosna y salmodiando padrenuestros. Suspiraba recordando la historia de aquellas santas princesas que acogían en sus castillos a los peregrinos que volvían de Jerusalén. También ella era santa y princesa. Sus días se deslizaban como esos arroyos silen-

ciosos que parecen llevar dormido en su fondo el cielo que
reflejan. Reza y borda en el silencio de las grandes salas
desiertas y melancólicas. Tiemblan las oraciones en sus
labios, tiembla en sus dedos la aguja que enhebra el hilo de
oro, y en el paño de tisú florecen las rosas y los lirios que
pueblan los mantos sagrados. Y después del día lleno de
quehaceres humildes, silenciosos, cristianos, por las no-
ches se arrodilla en su alcoba, y reza con fe ingenua al Niño
Jesús, que resplandece bajo un fanal, vestido con alba de
seda recamada de lentejuelas y abalorios. La paz familiar
se levanta como una alondra del nido de su pecho, y revo-
lotea por todo el Palacio, y canta sobre las puertas, a la
entrada de las grandes salas. María Rosario fue el único
amor de mi vida. Han pasado muchos años, y al recordarla
ahora todavía se llenan de lágrimas mis ojos áridos, ya casi
ciegos.

Quedaban todavía los olores de la cera en el Palacio. La Princesa, tendida en el canapé de su tocador, se dolía de la jaqueca. Sus hijas, vestidas de luto, hablaban en voz baja, y de tiempo en tiempo entraba o salía sin ruido alguna de ellas. En medio de un gran silencio, la Princesa incorporóse lánguidamente, volviendo hacia mí el rostro todavía hermoso, que parecía más blanco bajo una toca de negro encaje:

—¿Xavier, tú cuándo tienes que volver a Roma?

Yo me estremecí:

—Mañana, señora.

Y miré a María Rosario, que bajó la cabeza y se puso encendida como una rosa. La Princesa, sin reparar en ello, apoyó la frente en la mano, una mano evocación de aquellas que en los retratos antiguos sostienen a veces una flor, y a veces un pañolito de encaje: En tan bella actitud suspiró largamente, y volvió a interrogarme:

—¿Por qué mañana?

—Porque ha terminado mi misión, señora.

—¿Y no puedes quedarte algunos días más con nosotras?

—Necesitaría un permiso.

—Pues yo escribiré hoy mismo a Roma.

Miré disimuladamente a María Rosario. Sus hermosos ojos negros me contemplaban asustados, y su boca intensamente pálida, que parecía entreabierta por el anhelo de un suspiro, temblaba. En aquel momento, su madre volvió la cabeza hacia donde ella estaba:

—María Rosario.

—Señora.

—Acuérdate de escribir en mi nombre a Monseñor Sassoferrato. Yo firmaré la carta.

María Rosario, siempre ruborosa, repuso con aquella serena dulzura que era como un aroma:

—¿Queréis que escriba ahora?

—Como te parezca, hija.

María Rosario se puso en pie.

—¿Y qué debo de decirle a Monseñor?

—Le notificas nuestra desgracia, y añades que vivimos muy solas, y que esperamos de su bondad un permiso para retener a nuestro lado por algún tiempo al Marqués de Bradomín.

María Rosario se dirigió hacia la puerta. Tuvo que pasar por mi lado y aprovechando audazmente la ocasión, le dije en voz baja:

—¡Me quedo, porque os adoro!

Fingió no haberme oído, y salió. Volvíme entonces hacia la Princesa, que me miraba con una sombra de afán, y le pregunté aparentando indiferencia:

—¿Cuándo toma el velo María Rosario?

—No está designado el día.

—La muerte de Monseñor Gaetani, acaso lo retardará.

—¿Por qué?

—Porque ha de ser un nuevo disgusto para vos.

—No soy egoísta. Comprendo que mi hija será feliz en el convento, mucho más feliz que a mi lado, y me resigno.

—¿Es muy antigua la vocación de María Rosario?

—Desde niña.

—¿Y no ha tenido veleidades?

—¡Jamás!

Yo me atusé el bigote con la mano un poco trémula:

—Es una vocación de Santa.

—Sí, de Santa... Te advierto que no sería la primera en nuestra familia. Santa Margarita de Ligura, Abadesa de Fiesoli, era hija de un Príncipe Gaetani. Su cuerpo se conserva en la capilla del Palacio, y después de cuatrocientos años está como si acabase de expirar. Parece dormida. ¿Tú no bajaste a la cripta?

—No, señora.

—Pues es preciso que bajes un día.

Quedamos en silencio. La Princesa volvió a suspirar llevándose las manos a la frente. Sus hijas, allá en el fondo de la estancia, se hablaban en voz baja. Yo las miraba sonriendo y ellas me respondían en idéntica forma, con cierta alegría infantil y burlona que contrastaba con sus negros vestidos de duelo. Empezaba a decaer la tarde, y la Princesa mandó abrir una ventana que daba sobre el jardín:

—¡Me marea el olor de esas rosas, hijas mías!

Y señalaba los floreros que estaban sobre el tocador. Abierta la ventana, una ligera brisa entró en la estancia. Era alegre, perfumada y gentil como un mensaje de la Primavera. Sus alas invisibles alborotaron los rizos de aquellas cabezas juveniles, que allá en el fondo de la estancia me miraban y me sonreían. ¡Rizos rubios, dorados, luminosos, cabezas adorables, cuántas veces os he visto en mis sueños pecadores más bellas que esas aladas cabezas angélicas que solían ver en sus sueños celestiales los santos ermitaños!

La Princesa se acostó al comienzo de la noche, poco después del rosario. En el salón medio apagado, hablaban en voz baja las viejas damas que desde hacía veinte años acudían regularmente a la tertulia del Palacio Gaetani: Comenzaba a sentirse el calor, y estaban abiertas las puertas de cristales que daban al jardín. Dos hijas de la Princesa, María Soledad y María del Carmen hacían los honores: La conversación era lánguida, de una languidez apocada y beata. Afortunadamente, al sonar las nueve en el reloj de la Catedral, las señoras se levantaron, y María del Carmen y María Soledad salieron acompañándolas. Yo quedé solo en el vasto salón, y no sabiendo qué hacer, bajé al jardín.

Era una noche de Primavera, silenciosa y fragante. El aire agitaba las ramas de los árboles con blando movimiento, y la luna iluminaba por un instante la sombra y el misterio de los follajes. Sentíase pasar por el jardín un largo estremecimiento y luego todo quedaba en esa amorosa paz de las noches serenas. En el azul profundo temblaban las estrellas, y la quietud del jardín parecía mayor que la quietud del cielo. A lo lejos, el mar misterioso y ondulante exhalaba su eterna queja. Las dormidas olas fosforescían al pasar tumbando los delfines, y una vela latina cruzaba el horizonte bajo la luna pálida.

Yo recorría un sendero orillado por floridos rosales: Las luciérnagas brillaban al pie de los arbustos, el aire era fragante, y el más leve soplo bastaba para deshojar en los tallos la rosas marchitas. Yo sentía esa vaga y romántica tristeza que encanta los enamoramientos juveniles, con la leyenda de los grandes y trágicos dolores que se visten a la usanza antigua. Consideraba la herida de mi corazón como aquellas que no tienen cura y pensaba que de un modo fatal decidiría de mi suerte. Con extremos verterianos soñaba superar a todos los amantes que en el mundo han sido, y por infortunados y leales pasaron a la historia, y aun asomaron más de una vez la faz lacrimosa en las cantigas del vulgo. Desgraciadamente, quedéme sin superarlos, porque tales romanticismos nunca fueron otra cosa que un perfume derramado sobre todos mis amores de juventud. ¡Locuras gentiles y fugaces que duraban algunas horas, y que, sin duda por eso, me han hecho suspirar y sonreír toda la vida!

De pronto huyeron mis pensamientos. Daba las doce el viejo reloj de la Catedral y cada campanada, en el silencio del jardín, retumbó con majestad sonora. Volví al salón, donde ya estaban apagadas las luces. En los cristales de una ventana temblaba el reflejo de la luna, y allá en el fondo, brillaba la esfera de un reloj que, con delicado y argentino son, daba también las doce. Me detuve en la puerta, para acostumbrarme a la oscuridad, y poco a poco mis ojos columbraron la forma incierta de las cosas. Una mujer hallábase sentada en el sofá del estrado. Yo sólo distinguía sus manos blancas. El cuerpo era una sombra negra. Quise acercarme, y vi cómo sin ruido se ponía en pie y cómo sin ruido se alejaba y desaparecía. Hubiérala creído un fantasma engaño de mis ojos, si al dejar de verla no llegase hasta mí un sollozo. Al pie del sofá estaba caído un pañuelo perfumado de rosas y húmedo de llanto. Lo besé con afán. No dudaba que aquel fantasma había sido María Rosario.

Pasé la noche en vela, sin conseguir conciliar el sueño. Vi rayar el alba en las ventanas de mi alcoba, y sólo entonces, en medio del alegre voltear de un esquilón que tocaba a misa, me dormí. Al despertarme, ya muy entrado el día, supe con profundo reconocimiento cuánto por la salud de mi alma se interesaba la Princesa Gaetani. La noble señora estaba muy afligida porque yo había perdido el Oficio Divino.

Al caer de la tarde llegaron aquellas dos señoras de los cabellos blancos y los negros y crujientes vestidos de seda. La Princesa se incorporó saludándolas con amable y desfallecida voz:

—¿Dónde habéis estado?

—¡Hemos corrido toda Ligura!

—¡Vosotras!

Ante el asombro de la Princesa, las dos señoras se miraron sonriendo:

—Cuéntale tú, Antonina.

—Cuéntale tú, Lorencina.

Y luego las dos comienzan el relato al mismo tiempo: Habían oído un sermón en la Catedral. Habían pasado por el Convento de las Carmelitas para preguntar por la Madre Superiora que estaba enferma. Habían velado al Santísimo. Aquí la Princesa interrumpió:

—¿Y cómo sigue la Madre Superiora?

—Todavía no baja al locutorio.

—¿A quién habéis visto?

—A la Madre Escolástica. ¡La pobre siempre tan buena y tan cariñosa! No sabes cuánto nos preguntó por ti y por tus hijas. Nos enseñó el hábito de María Rosario. Iba a mandárselo para que lo probase. Lo ha cosido ella misma. Dice que será el último, porque está casi ciega.

La Princesa suspiró:

—¡Yo no sabía que estuviese ciega!

—Ciega no, pero ve muy poco.

—Pues no tiene años para eso...

La Princesa acabó la frase con un gesto de fatiga, llevándose las manos a la frente. Después se distrajo mirando hacia la puerta, donde asomaba la escuálida figura del Señor Polonio. Detenido en el umbral, el mayordomo saludaba con una profunda reverencia:

—¿Da su permiso mi Señora la Princesa?

—Adelante, Polonio. ¿Qué ocurre?

—Ha venido el sacristán de las Madres Carmelitas con el hábito de la señorina.

—¿Y ella lo sabe?

—Probándoselo queda.

Al oír esto, las otras hijas de la Princesa, que sentadas en rueda bordaban el manto de Santa Margarita de Ligura, habláronse en voz baja, juntando las cabezas, y salieron de la estancia con alegre murmullo, en un grupo casto y primaveral como aquel que pintó Sandro Boticelli. La Princesa las miró con maternal orgullo, y luego hizo un ademán despidiendo al mayordomo, que, en lugar de irse, adelantó algunos pasos balbuciendo:

—Ya he dado el último perfil al Paso de las Caídas... Hoy empiezan las procesiones de Semana Santa.

La Princesa replicó con desdeñosa altivez:

—Y sin duda has creído que yo lo ignoraba.

El mayordomo pareció consternado:

—¡Líbreme el Cielo, Señora!

—¿Pues entonces...?

—Hablando de las procesiones, el sacristán de las Madres me dijo que tal vez este año no saliesen las que costea y patrocina mi Señora la Princesa.

—¿Y por qué causa?

—Por la muerte de Monseñor, y el luto de la casa.

—Nada tiene que ver con la religión, Polonio.

Aquí la Princesa creyó del caso suspirar. El mayordomo se inclinó:

—Cierto, Señora, ciertísimo. El sacristán lo decía contemplando mi obra. Ya sabe la Señora Princesa... El Paso de las Caídas... Espero que mi Señora se digne verlo...

El mayordomo se detuvo sonriendo ceremoniosamente. La Princesa asintió con un gesto, y luego volviéndose a mí pronunció con ligera ironía:

—¿Tú acaso ignoras que mi mayordomo es un gran artista?

El viejo se inclinó:

—¡Un artista...! Hoy día ya no hay artistas. Los hubo en la antigüedad.

Yo intervine con mi juvenil insolencia:

—¿Pero de qué época sois, Señor Polonio?

El mayordomo repuso sonriendo:

—Vos tenéis razón, Excelencia... Hablando con verdad, no puedo decir que éste sea mi siglo...

—Vos pertenecéis a la antigüedad más clásica y más remota. ¿Y cuál arte cultiváis, Señor Polonio?

El Señor Polonio repuso con suma modestia:

—Todas, Excelencia.

—¡Sois un nieto de Miguel Ángel!

—El cultivarlas todas no quiere decir que sea maestro en ellas, Excelencia.

La Princesa sonrió con aquella amable ironía que al mismo tiempo mostraba señoril y compasivo afecto por el viejo mayordomo:

—Xavier, tienes que ver su última obra: ¡El Paso de las Caídas! ¡Una maravilla!

Las dos ancianas juntaron las secas manos con infantil admiración:

—¡Si cuando joven hubiera querido ir a Roma...! ¡Oh!

El mayordomo lloraba enternecido:

—¡Señoras...! ¡Mis nobles Mecenas!

De pronto se oyó murmullo de juveniles voces que se aproximaban, y un momento después el coro de las cinco hermanas invadía la estancia. María Rosario traía puesto el blanco hábito que debía llevar durante toda la vida, y las otras se agrupaban en torno como si fuese una Santa. Al verlas entrar, la Princesa se incorporó muy pálida: Las lágrimas acudían a sus ojos y luchaba en vano por retenerlas. Cuando María Rosario se acercó a besarle la mano, le echó los brazos al cuello y la estrechó amorosamente. Quedó después contemplándola, y no pudo contener un grito de angustia.

Yo estaba tan conmovido que, como en sueños, percibí la voz del viejo mayordomo. Hablaba después de un profundo silencio:

—Si merezco el honor... Perdonad, pero ahora van a llevarse esa pobre obra de mis manos pecadoras. Si queréis verla, apenas queda tiempo...

Las dos señoras se levantaron sacudiéndose las crujientes y arrugadas faldas:

—¡Oh...! Vamos allá.

Antes de salir ya comenzaron las explicaciones del Señor Polonio:

—Conviene saber que el Nazareno y el Cirineo son los mismos que había antiguamente. De mi mano son únicamente los judíos. Los hice de cartón. Ya conocen mi antigua manía de hacer caretas. Una manía y de las peores. Con ella di gran impulso a los Carnavales, que es la fiesta de Satanás. ¡Aquí antes nadie se vestía de máscara, pero como yo regalaba a todo el mundo mis caretas de cartón! ¡Dios me perdone! Los Carnavales de Ligura llegaron a ser famosos en Italia... Vengan por aquí sus Excelencias.

Pasamos a una gran sala que tenía las ventanas cerradas. El Señor Polonio adelantóse para abrirlas. Después se volvió pidiendo mil perdones, y nosotros entramos. Mis ojos quedaron extasiados al ver en medio de la sala unas andas con Jesús Nazareno, entre cuatro judíos torvos y barbudos. Las dos señoras lloraban de emoción:

—¡Si considerásemos lo que Nuestro Señor padeció por nosotros!

—¡Ay...! ¡Si lo considerásemos!

En presencia de aquellos cuatro judíos vestidos a la chamberga, era indudable que las devotas señoras procuraban hacerse cargo del drama de la Pasión. El Señor Polonio daba vueltas en torno de las andas, y con los nudillos golpeaba suavemente las fieras cabezas de los cuatro deicidas:

—¡De cartón...! ¡Sí, señoras, igual que las caretas! Fue una idea que me vino sin saber cómo.

Las damas repetían juntando las manos:

—¡Inspiración divina...!

—¡Inspiración de lo alto...!

El Señor Polonio sonreía:

—Nadie, absolutamente nadie, esperaba que pudiese realizar la idea... Se burlaban de mí... Ahora, en cambio, todo se vuelven parabienes. ¡Y yo perdono aquellos sarcasmos! ¡Llevé mi idea en la frente un año entero!

Oyéndole, las señoras, repetían enternecidas:

—¡Inspiración...!

—¡Inspiración...!

Jesús Nazareno, desmelenado, lívido, sangriento, agobiado bajo el peso de la cruz, parecía clavar en nosotros su mirada dulce y moribunda. Los cuatro judíos, vestidos de rojo, le rodeaban fieros. El que iba delante tocaba la trompeta. Los que le daban escolta a uno y otro lado, llevaban sendas disciplinas, y aquel que caminaba detrás, mostraba al pueblo la sentencia de Pilatos. Era un papel de música, y el mayordomo tuvo cuidado de advertirnos cómo en aquel tiempo de gentiles, los escribanos hacían unos garabatos muy semejantes a los que hacen los músicos. Volviéndose a mí con gravedad doctoral, continuó:

—Los moros y los judíos todavía escriben de una manera semejante. ¿Verdad, Excelencia?

Cuando el Señor Polonio se hallaba en esta erudita explicación, llegó un sacristán capitaneando a cuatro devotos que venían para llevarse a la iglesia de los Capuchinos aquel famoso Paso de las Caídas. El Señor Polonio cubrió las andas con una colcha, y les ayudó a levantarlas. Después los acompañó hasta la puerta de la estancia:

—¡Cuidado...! No tropezar con las paredes... ¡Cuidado...!

Enjugóse las lágrimas, y abrió una ventana para verlos salir. La primera preocupación del sacristán, cuando asomó en la calle, fue mirar al cielo, que estaba completamente encapotado. Luego se puso al frente de su tropa, y echó por medio. Los cuatro devotos iban casi corriendo. Las andas envueltas en la colcha roja bamboleaban sobre sus hombros. El Señor Polonio se dirigió a nosotros:

—Sin cumplimiento: ¿Qué les ha parecido?

Las dos señoras estuvieron, como siempre, de acuerdo:

—¡Edificante!

—¡Edificante!

El Señor Polonio sonrió beatíficamente y su escuálida figura de dómine enamorado de las musas, se volvió a la ventana con la mano extendida hacia la calle, para enterarse si llovía.

Aquella noche las hijas de la Princesa habíanse refugiado en la terraza, bajo la luna, como las hadas de los cuentos: Rodeaban a una amiga joven y muy bella, que de tiempo en tiempo me miraba llena de curiosidad. En el salón, las señoras ancianas conversaban discretamente, y sonreían al oír las voces juveniles que llegaban en ráfagas perfumadas con el perfume de las lilas que se abrían al pie de la terraza. Desde el salón distinguíase el jardín, inmóvil bajo la luna, que envolvía en pálida claridad la cima mustia de los cipreses y el balconaje de la terraza donde, otras veces, el pavo real abría su abanico de quimera y de cuento.

Yo quise varias veces acercarme a María Rosario. Todo fue inútil. Ella adivinaba mis intenciones, y alejábase cautelosa, sin ruido, con la vista baja y las manos cruzadas sobre el escapulario del hábito monjil que conservaba puesto. Viéndola a tal extremo temerosa, yo sentía halagado mi orgullo donjuanesco, y algunas veces, sólo por turbarla, cruzaba de un lado al otro. La pobre niña al instante se prevenía para huir. Yo pasaba aparentando no advertirlo. Tenía la petulancia de los veinte años. Otros momentos entraba en el salón y deteníame al lado de las viejas damas, que recibían mis homenajes con timidez de doncellas. Recuerdo que me hallaba hablando con aquella devota Marquesa de Téscara, cuando, movido por un oscuro presentimiento, volví la cabeza y busqué con los ojos la blanca figura de María Rosario. La Santa ya no estaba.

Una nube de tristeza cubrió mi alma. Dejé a la vieja linajuda y salí a la terraza. Mucho tiempo permanecí reclinado sobre el florido balconaje de piedra contemplando el jardín. En el silencio perfumado cantaba un ruiseñor, y parecía acordar su voz con la voz de las fuentes. El reflejo de la luna iluminaba aquel sendero de los rosales que yo había recorrido otra noche. El aire suave y gentil, un aire a propósito para llevar suspiros, pasaba murmurando, y a lo lejos, entre mirtos inmóviles, ondulaba el agua de un estanque. Yo evocaba en la memoria el rostro de María Rosario, y no cesaba de pensar:

—¿Qué siente ella?... ¿Qué siente ella por mí?...

Bajé lentamente hacia el estanque. Las ranas que estaban en la orilla saltaron al agua produciendo un ligero estremecimiento en el dormido cristal. Había allí un banco de piedra y me senté. La noche y la luna eran propicias al ensueño, y pude sumergirme en una contemplación semejante al éxtasis. Confusos recuerdos de otros tiempos y otros amores se levantaron en mi memoria. Todo el pasado resurgía como una gran tristeza y un gran remordimiento. Mi juventud me parecía mar de soledad y de tormentas, siempre en noche. El alma languidecía en el recogimiento del jardín, y el mismo pensamiento volvía como el motivo de un canto lejano:

—¿Qué siente ella?... ¿Qué siente ella por mí?...

Ligeras nubes blancas erraban en torno de la luna y la seguían en su curso fantástico y vagabundo. Empujadas por un soplo invisible, la cubrieron y quedó sumido en sombras el jardín. El estanque dejó de brillar entre los mirtos inmóviles. Sólo la cima de los cipreses permaneció iluminada. Como para armonizar con la sombra, se levantó una brisa que pasó despertando largo susurro en todo el recinto y trajo hasta mí el aroma de las rosas deshojadas. Lentamente volví hacia el Palacio: Mis ojos se detuvieron en una ventana iluminada, y no sé qué oscuro presentimiento hizo palpitar mi corazón. Aquella ventana alzábase apenas sobre la terraza, permanecía abierta, y el aire ondulaba la cortina. Me pareció que por el fondo de la estancia cruzaba una sombra blanca. Quise acercarme, pero el rumor de unas pisadas bajo la avenida de los cipreses me detuvo. El viejo mayordomo paseaba a la luz de la luna sus ensueños de artista. Yo quedé inmóvil en el fondo del jardín. Y contemplando aquella luz el corazón latía:

—¿Qué siente ella?... ¿Qué siente ella por mí?...

¡Pobre María Rosario! Yo la creía enamorada, y, sin embargo, mi corazón presentía no sé qué quimérica y

confusa desventura. Quise volver a sumergirme en mi
amoroso ensueño, pero el canto de un sapo repetido mo-
nótonamente bajo la arcada de los cipreses distraía y tur-
baba mi pensamiento. Recuerdo que de niño he leído mu-
chas veces en un libro de devociones donde rezaba mi
abuela, que el Diablo solía tomar ese aspecto para turbar
la oración de un santo monje. Era natural que a mí me
ocurriese lo mismo. Yo, calumniado y mal comprendido,
nunca fui otra cosa que un místico galante, como San Juan
de la Cruz. En lo más florido de mis años hubiera dado
gustoso todas las glorias mundanas por poder escribir en
mis tarjetas: El Marqués de Bradomín, Confesor de Prin-
cesas.

En achaques de amor ¿quién no ha pecado alguna vez?
Yo estoy íntimamente convencido de que el Diablo tienta
siempre a los mejores. Aquella noche el cornudo monarca
del abismo encendió mi sangre con su aliento de llamas y
despertó mi carne flaca, fustigándola con su rabo negro. Yo
cruzaba la terraza cuando una ráfaga violenta alzó la fla-
meante cortina, y mis ojos mortales vieron arrodillada en
el fondo de la estancia la sombra pálida de María Rosario.
No puedo decir lo que entonces pasó por mí. Creo que
primero fue un impulso ardiente, y después una sacudida
fría y cruel. La audacia que se admira en los labios y en los
ojos de aquel retrato que del divino César Borgia pintó el
divino Rafael de Sanzio. Me volví mirando en torno. Es-
cuché un instante. En el jardín y en el Palacio todo era
silencio. Llegué cauteloso a la ventana y salté dentro. La
Santa dio un grito. Se dobló blandamente como una flor
cuando pasa el viento, y quedó tendida, desmayada, con el
rostro pegado a la tierra. En mi memoria vive siempre el
recuerdo de sus manos blancas y frías. ¡Manos diáfanas
como la hostia!...

Al verla desmayada la cogí en brazos y la llevé a su
lecho, que era como altar de lino albo y de rizado encaje.
Después, con una sombra de recelo, apagué la luz. Quedó
en tinieblas el aposento y con los brazos extendidos co-
mencé a caminar en la oscuridad. Ya tocaba el borde de su
lecho y percibía la blancura del hábito monjil, cuando el
rumor de unos pasos en la terraza heló mi sangre y me
detuvo. Manos invisibles alzaron la flameante cortina y la
claridad de la luna penetró en la estancia. Los pasos habían
cesado. Una sombra oscura se destacaba en el hueco ilu-
minado de la ventana. La sombra se inclinó mirando hacia
el fondo del aposento, y volvió a erguirse. Cayó la cortina,
y escuché de nuevo el rumor de los pasos que se alejaban.
Yo no había sido visto. Inmóvil, yerto, anhelante, perma-

necí sin moverme. De tiempo en tiempo la cortina temblaba: Un rayo de luna esclarecía el aposento, y con amoroso sobresalto mis ojos volvían a distinguir el cándido lecho y la figura cándida que yacía como la estatua en un sepulcro. Tuve miedo, y cauteloso llegué hasta la ventana. El sapo dejaba oír su canto bajo la arcada de los cipreses, y el jardín, húmedo y sombrío, susurrante y oscuro, parecía su reino. Salté la ventana como un ladrón, y anduve a lo largo de la terraza pegado al muro. De pronto, me pareció sentir leve rumor, como de alguno que camina recatándose. Me detuve y miré, pero en la inmensa sombra que el Palacio tendía sobre la terraza y el jardín, nada podía verse. Seguí adelante, y apenas había dado algunos pasos, cuando un aliento jadeante rozó mi cuello y la punta de un puñal desgarró mi hombro. Me volví con fiera presteza. Un hombre corría a ocultarse en el jardín. Le reconocí con asombro, casi con miedo, al cruzar un claro iluminado por la luna, y desistí de seguirle, para evitar todo escándalo. Más, mucho más que la herida, me dolía dejar de castigarle, pero ello era forzoso, y entréme en el Palacio, sintiendo el calor tibio de la sangre correr por mi cuerpo. Musarelo, mi criado, que dormitaba en la antecámara, despertóse al ruido de mis pasos y encendió las luces de un candelabro. Después se cuadró militarmente:

—A la orden, mi Capitán.

—Acércate, Musarelo...

Y tuve que apoyarme en la puerta para no caer. Musarelo era un soldado veterano que me servía desde mi entrada en la Guardia Noble. En voz baja y serena, le dije:

—Vengo herido...

Me miró con ojos asustados:

—¿Dónde, Señor?

—En el hombro.

Musarelo levantó los brazos, y clamó con la pasión religiosa de un fanático:

—¡A traición sería!...

Yo sonreí. Musarelo juzgaba imposible que un hombre pudiese herirme cara a cara:

—Sí, fue a traición. Ahora véndame, y que nadie se entere...

El soldado comenzó a desabrocharme la bizarra ropilla. Al descubrir la herida, yo sentí que sus manos temblaban:

—No te desmayes, Musarelo.

—No, mi Capitán.

Y todo el tiempo, mientras me curaba, estuvo repitiendo por lo bajo:

—¡Ya buscaremos a ese bergante!...

No, no era posible buscarle. El bergante estaba bajo la protección de la Princesa, y acaso en aquel instante le refería la hazaña de su puñal. Torturado por este pensamiento, pasé la noche inquieto y febril. Quería adivinar lo venidero, y perdíame en cavilaciones. Aún recuerdo que mi corazón tembló como el corazón de un niño, cuando volví a verme enfrente de la Princesa Gaetani.

Fue al entrar en la biblioteca, que por hallarse a oscuras yo había supuesto solitaria, cuando oí la voz apasionada de la Princesa Gaetani:

—¡Oh! ¡Cuánta infamia! ¡Cuánta infamia!

Desde aquel momento tuve por cierto que la noble señora lo sabía todo, y, cosa extraña, al dejar de dudar dejé de temer. Con la sonrisa en los labios y atusándome el mostacho entré en la biblioteca:

—Me pareció oíros, y no quise pasar sin saludaros, Princesa.

La Princesa estaba pálida como una muerta:

—¡Gracias!

En pie, tras el sillón que ocupaba la dama, hallábase el mayordomo, y en la penumbra de la biblioteca, yo le adivinaba asaetándome con los ojos. La Princesa inclinóse hojeando un libro. Sobre el vasto recinto se cernía el silencio como un murciélago de maleficio, que sólo se anuncia por el aire frío de sus alas. Yo comprendía que la noble señora buscaba herirme con su desdén, y un poco indeciso, me detuve en medio de la estancia. Mi orgullo levantábase en ráfagas, pero sobre los labios temblorosos estaba la sonrisa. Supe dominar mi despecho y me acerqué galante y familiar:

—¿Estáis enferma, señora?

—No...

La Princesa continuaba hojeando el libro, y hubo otro largo silencio. Al cabo suspiró dolorida, incorporándose en su sillón.

—Vámonos, Polonio...

El mayordomo me dirigió una mirada oblicua que me recordó al viejo Bandelone, que hacía los papeles de traidor en la compañía de Ludovico Straza:

—A vuestras órdenes, Excelencia.

Y la Princesa, seguida del mayordomo, sin mirarme,

atravesó el largo salón de la biblioteca. Yo sentí la afrenta, pero todavía supe dominarme, y le dije:

—Princesa esperad que os cuente cómo esta noche me han herido...

Y mi voz, helada por un temblor nervioso, tenía cierta amabilidad felina que puso miedo en el corazón de la Princesa. Yo la vi palidecer y detenerse mirando al mayordomo. Después murmuró fríamente, casi sin mover los labios:

—¿Dices que te han herido?

Su mirada se clavó en la mía, y sentí el odio en aquellos ojos redondos y vibrantes como los ojos de las serpientes. Un momento creí que llamase a sus criados para que me arrojasen del Palacio, pero temió hacerme tal afrenta, y desdeñosa siguió hasta la puerta, donde se volvió lentamente:

—¡Ah...! No tuve carta autorizando tu estancia en Ligura.

Yo repuse sonriendo, sin apartar mis ojos de los suyos:

Será preciso volver a escribir.

—¿Quién?

—Quien escribió antes: María Rosario...

La Princesa no esperaba tanta osadía, y tembló. Mi leyenda juvenil, apasionada y violenta, ponía en aquellas palabras un nimbo satánico. Los ojos de la Princesa se llenaron de lágrimas, y como eran todavía muy bellos, mi corazón de andante caballero tuvo un remordimiento. Por fortuna las lágrimas de la Princesa no llegaron a rodar, sólo empañaron el claro iris de su pupila. Tenía el corazón de una gran dama y supo triunfar del miedo. Sus labios se plegaron por el hábito de la sonrisa, sus ojos me miraron con amable indiferencia y su rostro cobró una expresión calma, serena, tersa, como esas santas de aldea que parecen mirar benévolamente a los fieles. Detenida en la puerta, me preguntó:

—¿Y cómo te han herido?

—En el jardín, señora...

La Princesa, sin moverse del umbral, escuchó la historia

que yo quise contarle. Atendía sin mostrar sorpresa, sin desplegar los labios, sin hacer un gesto. Por aquel camino del mutismo intentaba quebrantar mi audacia, y como yo adivinaba su intención, me complacía hablando sin reposo para velar su silencio. Mis últimas palabras fueron acompañadas de una profunda cortesía, pero ya no tuve valor para besarle la mano:

—¡Adiós, Princesa...! Avisadme si tenéis noticias de Roma.

Polonio, a hurto, hizo los cuernos con la mano. La Princesa guardó silencio. Crucé la silenciosa biblioteca y salí. Después, meditando a solas si debía abandonar el Palacio Gaetani, resolví quedarme. Quería mostrar a la Princesa que cuando suelen otros desesperarse, yo sabía sonreír, y que donde otros son humillados, yo era triunfador. ¡El orgullo ha sido siempre mi mayor virtud!

Permanecí todo el día retirado en mi cámara. Hallábame cansado como después de una larga jornada, sentía en los párpados una aridez febril, y sentía los pensamientos enroscados y dormidos dentro de mí, como reptiles. A veces se despertaban y corrían sueltos, silenciosos, indecisos. Ya no eran aquellos pensamientos, de orgullo y de conquista, que volaban como águilas con las garras abiertas. Ahora mi voluntad flaqueaba, sentíame vencido y sólo quería abandonar el Palacio. Hallábame combatido por tales bascas, cuando entró Musarelo:

—Mi Capitán, un padre capuchino desea hablaros.

—Dile que estoy enfermo.

—Se lo he dicho, Excelencia.

—Dile que me he muerto.

—Se lo he dicho, Excelencia.

Miré a Musarelo que permanecía ante mí con un gesto impasible y bufonesco:

—¿Pues entonces qué pretende ese padre capuchino?

—Rezaros los responsos, Excelencia.

Iba yo a replicar, pero en aquel momento una mano levantó el majestuoso cortinaje de terciopelo carmesí:

—Perdonad que os moleste, joven caballero.

Un viejo de luenga barba, vestido con el sayal de los capuchinos, estaba en el umbral de la puerta. Su aspecto venerable me impuso respeto:

—Entrad, Reverendo Padre.

Y adelantándome le ofrecí un sillón. El capuchino rehusó sentarse, y sus barbas de plata se iluminaron con la sonrisa grave y humilde de los Santos. Volvió a repetir:

—Perdonad que os moleste...

Hizo una pausa, esperando a que saliese Musarelo, y después continuó:

—Joven caballero, poned atención en cuanto voy a deciros, y líbreos el Cielo de menospreciar mi aviso. ¡Acaso pudiera costaros la vida! Prometedme que después de haberme oído no querréis saber más, porque responderos me sería imposible. Vos comprenderéis que este silencio lo impone un deber de mi estado religioso, y todo cristiano ha de respetarlo. ¡Vos sois cristiano...!

Yo repuse inclinándome profundamente:

—Soy un gran pecador, Reverendo Padre.

El rostro del capuchino volvió a iluminarse con indulgente sonrisa:

—Todos lo somos, hijo mío.

Después, con las manos juntas y los ojos cerrados, permaneció un momento como meditando. En las hundidas cuencas, casi se transparentaba el globo de los ojos bajo el velo descarnado y amarillento de los párpados. Al cabo de algún tiempo continuó:

—Mi palabra y mi fe no pueden seros sospechosas, puesto que ningún interés vil me trae a vuestra presencia. Solamente me guía una poderosa inspiración, y no dudo que es vuestro Ángel quien se sirve de mí para salvaros la vida, no pudiendo comunicar con vos. Ahora decidme si estáis conmovido, y si puedo daros el consejo que guardo en mi corazón.

—¡No lo dudéis, Reverendo Padre! Vuestras palabras me han hecho sentir algo semejante al terror. Yo juro seguir vuestro consejo, si en su ejecución no hallo nada contra mi honor de caballero.

—Está bien, hijo mío. Espero que por un sentimiento de caridad, suceda lo que suceda, a nadie hablaréis de este pobre capuchino.

—Lo prometo por mi fe de cristiano, Reverendo Padre... Pero hablad, os lo ruego.

—Hoy, después de anochecido, salid por la cancela del jardín, y bajad rodeando la muralla. Encontraréis una casa terreña que tiene en el tejado un cráneo de buey: Llamad allí. Os abrirá una vieja, y le diréis que deseáis hablarle: Con esto sólo os hará entrar. Es probable que ni siquiera os pregunte quién sois, pero si lo hiciese, dad un nombre supuesto. Una vez en la casa, rogadle que os escuche, y exigidle secreto sobre lo que vais a confiarle. Es pobre, y debéis mostraros liberal con ella, porque así os servirá mejor. Veréis cómo inmediatamente cierra su puerta para que podáis hablar sin recelo. Vos, entonces, hacedle entender que estáis resuelto a recobrar el anillo y cuanto ha recibido con él. No olvidéis esto: El anillo y cuanto ha recibido con él. Amenazadla si se resiste, pero no hagáis ruido, ni le dejéis que pida socorro. Procurad persuadirla ofreciéndole doble dinero del que alguien le ha ofrecido por perderos. Estoy seguro que acabará haciendo aquello que le mandéis, y que todo os costará bien poco. Pero aun cuando así no fuese, vuestra vida debe seros más preciada que todo el oro del Perú. No me preguntéis más, porque más no puedo deciros... Ahora, antes de abandonaros, juradme que estáis dispuesto a seguir mi consejo.

—Sí, Reverendo Padre, seguiré la inspiración del Ángel que os trajo.

—¡Así sea!

El capuchino trazó en el aire una lenta bendición, y yo incliné la cabeza para recibirla. Cuando salió, confieso que no tuve ánimos de reír. Con estupor, casi con miedo, advertí que en mi mano faltaba un anillo que llevaba desde hacía muchos años, y solía usar como sello. No pude recordar dónde lo había perdido. Era un anillo antiguo: Tenía el escudo grabado en amatista, y había pertenecido a mi abuelo el Marqués de Bradomín.

Bajé al jardín donde volaban los vencejos en la sombra azul de la tarde. Las veredas de mirtos seculares, hondas y silenciosas, parecían caminos ideales que convidaban a la meditación y al olvido, entre frescos aromas que esparcían en el aire las yerbas humildes que brotaban escondidas como virtudes. Llegaba a mí sofocado y continuo el rumor de las fuentes sepultadas entre el verde perenne de los mirtos, de los laureles y de los bojes. Una vibración misteriosa parecía salir del jardín solitario, y un afán desconocido me oprimía el corazón. Yo caminaba bajo los cipreses, que dejaban caer de su cima un velo de sombra. Desde lejos, como a través de larga sucesión de pórticos, distinguí a María Rosario sentada al pie de una fuente, leyendo en un libro. Seguí andando con los ojos fijos en aquella feliz aparición. Al ruido de mis pasos alzó levemente la cabeza, y con dos rosas de fuego en las mejillas volvió a inclinarla, y continuó leyendo. Yo me detuve porque esperaba verla huir, y no encontraba las delicadas palabras que convenían a su gracia eucarística de lirio blanco. Al verla sentada al pie de la fuente, sobre aquel fondo de bojes antiguos, leyendo el libro abierto en sus rodillas, adiviné que María Rosario tenía por engaño del sueño, mi aparición en su alcoba. Al cabo de un momento volvió a levantar la cabeza, y sus ojos, en un batir de párpados, echaron sobre mí una mirada furtiva. Entonces le dije:

—¿Qué leéis en este retiro?

Sonrió tímidamente:

—La vida de la Virgen María.

Tomé el libro de sus manos, y al cedérmelo, mientras una tenue llamarada encendía de nuevo sus mejillas, me advirtió:

—Tened cuidado que no caigan las flores disecadas que hay entre las páginas.

—No temáis...

Abrí el libro con religioso cuidado, aspirando la fragancia delicada y marchita que exhalaba como un aroma de santidad. En voz baja leí: «La Ciudad Mística de Sor María de Jesús, llamada de Ágreda.»

Volví a entregárselo, y ella, al recibirlo, interrogó sin osar mirarme:

—¿Acaso conocéis este libro?

—Lo conozco porque mi padre espiritual lo leía cuando estuvo prisionero en los Plomos de Venecia.

María Rosario, un poco confusa, murmuró:

—¡Vuestro padre espiritual! ¿Quién es vuestro padre espiritual?

—El Caballero de Casanova.

—¿Un noble español?

—No, un aventurero veneciano.

—¿Y un aventurero...?

Yo la interrumpí:

—Se arrepintió al final de su vida.

—¿Se hizo fraile?

—No tuvo tiempo, aun cuando dejó escritas sus confesiones.

—¿Como San Agustín?

—¡Lo mismo! Pero humilde y cristiano, no quiso igualarse con aquel Doctor de la Iglesia, y las llamó Memorias.

—¿Vos las habéis leído?

—Es mi lectura favorita.

—¿Serán muy edificantes?

—¡Oh...! ¡Cuánto aprenderíais en ellas...! Jacobo de Casanova fue gran amigo de una monja de Venecia.

—¿Como San Francisco fue amigo de Santa Clara?

—Con una amistad todavía más íntima.

—¿Y cuál era la regla de la monja?

—Carmelita.

—Yo también seré Carmelita.

María Rosario calló ruborizándose, y quedó con los ojos fijos en el cristal de la fuente, que la reflejaba toda entera. Era una fuente rústica cubierta de musgo. Tenía un murmullo tímido como de plegaria, y estaba sepultada en el fondo de un claustro circular, formado por arcos de antiquísimos bojes. Yo me incliné sobre la fuente, y como si hablase con la imagen que temblaba en el cristal de agua, murmuré:

—¡Vos, cuando estéis en el convento, no seréis mi amiga...!

María Rosario se apartó vivamente:

—¡Callad...! ¡Callad, os lo suplico...!

Estaba pálida, y juntaba las manos mirándome con sus hermosos ojos angustiados. Me sentí tan conmovido, que sólo supe inclinarme en demanda de perdón. Ella gimió:

—Callad, porque de otra suerte no podré deciros...

Se llevó las manos a la frente y estuvo así un instante. Yo veía que toda su figura temblaba. De repente, con una fuerza trágica se descubrió el rostro, y clamó enronquecida:

—¡Aquí vuestra vida peligra...! ¡Salid hoy mismo!

Y corrió a reunirse con sus hermanas, que venían por una honda carrera de mirtos, las unas en pos de las otras, hablando y cogiendo flores para el altar de la capilla. Me alejé lentamente. Empezaba a declinar la tarde, y sobre la piedra de armas que coronaba la puerta del jardín, se arrullaban dos palomas que huyeron al acercarme. Tenían adornado el cuello con alegres listones de seda, tal vez anudados un día por aquellas manos místicas y ardientes que sólo hicieron el bien sobre la tierra. Matas de viejos alelíes florecían en las grietas del muro, y los lagartos tomaban el sol sobre las piedras caldeadas, cubiertas de un liquen seco y amarillento. Abrí la cancela y quedé un momento contemplando aquel jardín lleno de verdor umbrío y de reposo señorial. El sol poniente dejaba un reflejo dorado sobre los cristales de una torre que aparecía cubierta de negros vencejos, y en el silencio de la tarde se oía el murmullo de las fuentes y las voces de las cinco hermanas.

Flanqueada la muralla del jardín, llegué a la casuca terreña que tenía la cornamenta de un buey en el tejado. Una vieja hilaba sentada en el quicio de la puerta, y por el camino pasaban rebaños de ovejas levantando nubes de polvo. La vieja al verme llegar, se puso en pie:

—¿Qué deseáis?

Y al mismo tiempo, con un gesto de bruja avarienta, humedecía en los labios decrépitos el dedo pulgar para seguir torciendo el lino. Yo le dije:

—Tengo que hablaros.

A la vista de dos sequines, la vieja sonrió agasajadora:

—¡Pasad...! ¡Pasad...!

Dentro de la casa ya era completamente de noche, y la vieja tuvo que andar a tientas para encender un candil de aceite. Luego de colgarle en un clavo, volvióse a mí:

—¡Veamos qué desea tan gentil caballero!

Y sonreía mostrando la caverna desdentada de su boca. Yo hice un gesto indicándole que cerrase la puerta, y obedeció solícita, no sin echar antes una mirada al camino por donde un rebaño desfilaba tardo, al son de las esquilas. Después vino a sentarse en un taburete, debajo del candil, y me dijo juntando sobre el regazo las manos que parecían un haz de huesos:

—Por sabido tengo que estáis enamorado, y vuestra es la culpa si no sois feliz. Antes hubieseis venido, y antes tendríais el remedio.

Oyéndola hablar de esta suerte comprendí que se hacía pasar por hechicera, y no pude menos de sorprenderme, recordando las misteriosas palabras del capuchino. Quedé un momento silencioso, y la vieja, esperando mi respuesta, no me apartaba los ojos astutos y desconfiados. De pronto le grité:

—Sabed, señora bruja, que tan sólo vengo por un anillo que me han robado.

La vieja se incorporó horriblemente demudada:

—¿Qué decís?

—Que vengo por mi anillo.

—¡No lo tengo! ¡Yo no os conozco!

Y quiso correr hacia la puerta para abrirla, pero yo le puse una pistola en el pecho, y retrocedió hacia un rincón dando suspiros. Entonces sin moverme le dije:

—Vengo dispuesto a daros doble dinero del que os han prometido por obrar el maleficio, y lejos de perder, ganaréis entregándome el anillo y cuanto os trajeron con él...

Se levantó del suelo todavía dando suspiros, y vino a sentarse en el taburete debajo del candil que, al oscilar, tan pronto dejaba toda la figura en la sombra, como iluminaba el pergamino del rostro y de las manos. Lagrimeando murmuró:

—Perderé cinco sequines, pero vos me daréis doble cuando sepáis... Porque acabo de reconoceros...

—Decid entonces quién soy.

—Sois un caballero español que sirve en la Guardia Noble del Santo Padre.

—¿No sabéis mi nombre?

—Sí, esperad...

Y quedó un momento con la cabeza inclinada, procurando acordarse. Yo veía temblar sobre sus labios palabras que no podían oírse. De pronto me dijo:

—Sois el Marqués de Bradomín.

Juzgué entonces que debía sacar de la bolsa los diez sequines prometidos y mostrárselos. La vieja entonces lloró enternecida:

—Excelencia, nunca os hubiera hecho morir, pero os hubiera quitado la lozanía...

—Explicadme eso.

—Venid conmigo...

Me hizo pasar tras un cañizo negro y derrengado, que ocultaba el hogar donde ahumaba una lumbre mortecina con olor de azufre. Yo confieso que sentía un vago sobresalto, ante los poderes misteriosos de la bruja, capaces de hacerme perder la lozanía.

La bruja había descolgado el candil. Alzábale sobre su cabeza para alumbrarse mejor, y me mostraba el fondo de su vivienda, que hasta entonces, por estar entre sombras, no había podido ver. Al oscilar la luz, yo distinguía claramente sobre paredes negras de humo, lagartos, huesos puestos en cruz, piedras lucientes, clavos y tenazas. La bruja puso el candil en tierra y se agachó revolviendo en la ceniza:

—Ved aquí vuestro anillo.

Y lo limpió cuidadosamente en la falda, antes de dármelo, y quiso ella misma colocarlo en mi mano:

—¿Por qué os trajeron ese anillo?

—Para hacer el sortilegio era necesaria una piedra que llevaseis desde hacía muchos años.

—¿Y cómo me la robaron?

—Estando dormido, Excelencia.

—¿Y vos qué intentabais hacer?

—Ya antes os lo dije... Me mandaban privaros de toda vuestra fuerza viril... Hubierais quedado como un niño acabado de nacer...

—¿Cómo obraríais ese prodigio?

—Vais a verlo.

Siguió revolviendo en la ceniza y descubrió una figura de cera toda desnuda, acostada en el fondo del brasero. Aquel ídolo, esculpido sin duda por el mayordomo, tenía una grotesca semejanza conmigo. Mirándole, yo reía largamente, mientras la bruja rezongaba:

—¡Ahora os burláis! ¡Desgraciado de vos si hubiese bañado esa figura en sangre de mujer, según mi ciencia...! ¡Y más desgraciado cuando la hubiese fundido en las brasas...!

—¿Era todo eso?

—Sí...

—Tened vuestros diez sequines. Ahora abrid la puerta.

La vieja me miró astuta:

—¿Ya os vais, Excelencia? ¿No deseáis nada de mí? Si me dais otros diez sequines, yo haré delirar por vuestros amores a la Señora Princesa. ¿No queréis, Excelencia?

Yo repuse secamente:

—No.

La vieja entonces tomó del suelo el candil, y abrió la puerta. Salí al camino, que estaba desierto. Era completamente de noche y comenzaban a caer gruesas gotas de agua, que me hicieron apresurar el paso. Mientras me alejaba iba pensando en el reverendo capuchino que había tenido tan cabal noticia de todo aquello. Hallé cerrada la cancela del jardín y tuve que hacer un largo rodeo. Daban las nueve en el reloj de la Catedral cuando atravesaba el arco románico que conduce a la plaza donde se alza el Palacio Gaetani. Estaban iluminados los balcones, y de la iglesia de los Dominicos salía entre cirios el Paso de la Cena. Aún recuerdo aquellas procesiones largas, tristes, rumorosas, que desfilaban en medio de grandes chubascos. Había procesiones al rayar el día, y procesiones por la tarde, y procesiones a la media noche. Las cofradías eran innumerables. Entonces la Semana Santa tenía fama en aquella vieja ciudad pontificia.

La Princesa, durante la tertulia, no me habló ni me miró una sola vez. Yo, temiendo que aquel desdén fuese advertido, decidí retirarme. Con la sonrisa en los labios llegué hasta donde la noble señora hablaba suspirando. Cogí audazmente su mano y la besé, haciéndole sentir la presión decidida y fuerte de mis labios. Vi palidecer intensamente sus mejillas y brillar el odio en sus ojos, sin embargo, supe inclinarme con galante rendimiento y solicitar su venia para retirarme. Ella repuso fríamente:

—Eres dueño de hacer tu voluntad.

—¡Gracias, Princesa!

Salí del salón en medio de un profundo silencio. Sentíame humillado, y comprendía que acababa de hacerse imposible mi estancia en el Palacio. Pasé la noche en el retiro de la biblioteca, preocupado con este pensamiento, oyendo batir monótonamente el agua en los cristales de las ventanas. Sentíame presa de un afán doloroso y contenido, algo que era insensata impaciencia de mí mismo, y de las horas, y de todo cuanto me rodeaba. Veíame como prisionero en aquella biblioteca oscura, y buscaba entrar en mi verdadera conciencia, para juzgar todo lo acaecido durante aquel día con serena y firme reflexión. Quería resolver, quería decidir, y extraviábase mi pensamiento, y mi voluntad desaparecía, y todo esfuerzo era vano.

¡Fueron horas de tortura indefinible! Ráfagas de una insensata violencia agitaban mi alma. Con el vértigo de los abismos me atraían aquellas asechanzas misteriosas, urdidas contra mí en la sombra perfumada de los grandes salones. Luchaba inútilmente por dominar mi orgullo y convencerme que era más altivo y más gallardo abandonar aquella misma noche, en medio de la tormenta, el Palacio Gaetani. Advertíame presa de una desusada agitación, y al mismo tiempo comprendía que no era dueño de vencerla, y que todas aquellas larvas que entonces empezaban a removerse dentro de mí, habían de ser fatalmente furias y sierpes. Con un presentimiento sombrío, sentía que mi mal era incurable y que mi voluntad era impotente para vencer la tentación de hacer alguna cosa audaz, irreparable. ¡Era aquello el vértigo de la perdición...!

A pesar de la lluvia, abrí la ventana. Necesitaba respirar el aire fresco de la noche. El cielo estaba negro. Una ráfaga aborrascada pasó sobre mi cabeza. Algunos pájaros sin nido habían buscado albergue bajo el alero, y con estremecimientos llenos de frío sacudían el plumaje mojado, piando tristemente. En la plaza resonaba la canturia de una procesión lejana. La iglesia del convento tenía las puertas abiertas, y en el fondo brillaba el altar iluminado. Oíase la voz senil de una carraca. Las devotas salían de la iglesia y se cobijaban bajo el arco de la plaza para ver llegar la procesión. Entre dos hileras de cirios bamboleaban las andas, allá en el confín de una calle estrecha y alta. En la plaza esperaban muchos curiosos cantando una oración rimada. La lluvia redoblando en los paraguas, y el chapoteo de los pies en la charcas contrastaban con la nota tibia y sensual de las enaguas blancas que asomaban bordeando los vestidos negros, como espumas que bordean sombrío oleaje de tempestad. Las dos señoras de los negros y crujientes vestidos de seda, salieron de la iglesia, y pisando en la punta de los pies, atravesaron corriendo la plaza, para ver la procesión desde las ventanas del Palacio. Una ráfaga agitaba sus mantos.

Caían gruesas gotas de agua que dejaban un lamparón oscuro en las losas de la plaza. Yo tenía las mejillas mojadas, y sentía como una vaga efusión de lágrimas. De pronto se iluminaron los balcones, y las Princesas, con otras damas, asomaron en ellos. Cuando la procesión llegaba bajo el arco, llovía a torrentes. Yo la vi desfilar desde el balcón de la biblioteca, sintiendo a cada instante en la cara el salpicar de la lluvia arremolinada por el viento. Pasaron primero los Hermanos del Calvario, silenciosos y encapuchados. Después los Hermanos de la Pasión, con hopas amarillas y cirios en las manos. Luego seguían los

pasos: Jesús en el Huerto de las Olivas, Jesús ante Pilatos, Jesús ante Herodes, Jesús atado a la columna. Bajo aquella lluvia fría y cenicienta tenían una austeridad triste y desolada. El último en aparecer fue el Paso de las Caídas. Sin cuidarse del agua, las damas se arrastraron de rodillas hasta la balaustrada del balcón. Oyóse la voz trémula del mayordomo:

—¡Ya llega! ¡Ya llega!

Llegaba, sí, pero cuán diferente de como lo habíamos visto la primera vez en una sala del Palacio. Los cuatro judíos habían depuesto su fiereza bajo la lluvia. Sus cabezas de cartón se despintaban. Ablandábanse los cuerpos, y flaqueaban las piernas como si fuesen a hincarse de rodillas. Parecían arrepentidos. Las dos hermanas de los rancios vestidos de gro, viendo en ello un milagro, repetían llenas de unción:

—¡Edificante, Antonina!

—¡Edificante, Lorencina!

La lluvia caía sin tregua como un castigo, y desde un balcón frontero llegaban, con vaguedad de poesía y de misterio, los arrullos de dos tórtolas que cuidaba una vieja enlutada y consumida que rezaba entre dos cirios encendidos en altos candeleros, tras los cristales. Busqué con los ojos al Señor Polonio: Había desaparecido.

Poco después, apesadumbrado y dolorido, meditaba en mi cámara cuando una mano batió con los artejos en la puerta y la voz cascada del mayordomo vino a sacarme un momento del penoso cavilar:

—Excelencia, este pliego de Roma.

—¿Quién lo ha traído?

—Un correo que acaba de llegar.

Abrí el pliego y pasé por él una mirada. Monseñor Sassoferrato me ordenaba presentarme en Roma. Sin acabar de leerlo me volví al mayordomo, mostrando un profundo desdén:

—Señor Polonio, que dispongan mi silla de posta.

El mayordomo preguntó hipócritamente:

—¿Vais a partir, Excelencia?

—Antes de una hora.

—¿Lo sabe mi señora la Princesa?

—Vos cuidaréis de decírselo.

—¡Muy honrado, Excelencia! Ya sabéis que el postillón está enfermo... Habrá que buscar otro. Si me autorizáis para ello yo me encargo de hallar uno que os deje contento.

La voz del viejo y su mirada esquiva, depertaron en mi alma una sospecha. Juzgué que era temerario confiarse a tal hombre, y le dije:

—Yo veré a mi postillón.

Me hizo una profunda reverencia, y quiso retirarse, pero le detuve:

—Escuchad, Señor Polonio.

—Mandad, Excelencia.

Y cada vez se inclinaba con mayor respeto. Yo le clavé los ojos, mirándole en silencio. Me pareció que no podía dominar su inquietud. Adelantando un paso le dije:

—Como recuerdo de mi visita, quiero que conservéis esta piedra.

Y sonriendo me saqué de la mano aquel anillo, que tenía

en una amatista grabadas mis armas. El mayordomo me
miró con ojos extraviados:

—¡Perdonad!

Y sus manos agitadas rechazaban el anillo. Yo insistí:

—Tomadlo.

Inclinó la cabeza y lo recibió temblando. Con un gesto
imperioso le señalé la puerta:

—Ahora, salid.

El mayordomo llegó al umbral, y murmuró resuelto y
acobardado:

—Guardad vuestro anillo.

Con insolencia de criado lo arrojó sobre una mesa. Yo
le miré amenazador.

—Presumo que vais a salir por la ventana, Señor Po-
lonio.

Retrocedió, gritando con energía:

—¡Conozco vuestro pensamiento! No basta a vuestra
venganza el maleficio con que habéis deshecho aquellos
judíos, obra de mis manos, y con ese anillo queréis em-
brujarme. ¡Yo haré que os delaten al Santo Oficio!

Y huyó de mi presencia haciendo la señal de la cruz
como si huyese del Diablo. No pude menos de reírme
largamente. Llamé a Musarelo, y le ordené que se enterase
del mal que aquejaba al postillón. Pero Musarelo había
bebido tanto, que no estaba capaz para cumplir mi man-
dato. Sólo pude averiguar que el postillón y Musarelo ha-
bían cenado con el Señor Polonio.

Qué triste es para mí el recuerdo de aquel día. María Rosario estaba en el fondo de un salón llenando de rosas los floreros de la capilla. Cuando yo entré, quedóse un momento indecisa. Sus ojos miraron medrosos hacia la puerta, y luego se volvieron a mí con un ruego tímido y ardiente. Llenaba en aquel momento el último florero, y sobre sus manos deshojóse una rosa. Yo entonces le dije, sonriendo:

—¡Hasta las rosas se mueren por besar vuestras manos!

Ella también sonrió contemplando las hojas que había entre sus dedos, y después con leve soplo las hizo volar. Quedamos silenciosos. Era la caída de la tarde y el sol doraba una ventana con sus últimos reflejos. Los cipreses del jardín levantaban sus cimas pensativas en el azul del crepúsculo, al pie de la vidriera iluminada. Dentro, apenas si se distinguía la forma de las cosas, y en el recogimiento del salón las rosas esparcían un perfume tenue y las palabras morían lentamente igual que la tarde. Mis ojos buscaban los ojos de María Rosario con el empeño de aprisionarlos en la sombra. Ella suspiró angustiada como si el aire le faltase, y apartándose el cabello de la frente con ambas manos, huyó hacia la ventana. Yo, temeroso de asustarla, no intenté seguirla y sólo le dije después de un largo silencio:

—¿No me daréis una rosa?

Volvióse lentamente y repuso con voz tenue:

—Si la queréis...

Dudó un instante, y de nuevo se acercó. Procuraba mostrarse serena, pero yo veía temblar sus manos sobre los floreros, al elegir la rosa. Con una sonrisa llena de angustia me dijo:

—Os daré la mejor.

Ella seguía buscando en los floreros. Yo suspiré romántico:

—La mejor está en vuestros labios.

Me miró apartándose pálida y angustiada:

—No sois bueno... ¿Por qué me decís esas cosas?

—Por veros enojada.

—¿Y eso os agrada? ¡Algunas veces me parecéis el Demonio...!

—El Demonio no sabe querer.

Quedóse silenciosa. Apenas podía distinguirse su rostro en la tenue claridad del salón, y sólo supe que lloraba cuando estallaron sus sollozos. Me acerqué queriendo consolarla:

—¡Oh...! Perdonadme.

Y mi voz fue tierna, apasionada y sumisa. Yo mismo, al oírla, sentí su extraño poder de seducción. Era llegado el momento supremo y, presintiéndolo, mi corazón se estremecía con el ansia de la espera cuando está próxima una gran ventura. María Rosario cerraba los ojos con espanto, como al borde de un abismo. Su boca descolorida parecía sentir una voluptuosidad angustiosa. Yo cogí sus manos que estaban yertas: Ella me las abandonó sollozando, con un frenesí doloroso:

—¿Por qué os gozáis en hacerme sufrir...? ¡Si sabéis que todo es imposible!

—¡Imposible...! Yo nunca esperé conseguir vuestro amor... ¡Ya sé que no lo merezco...! Solamente quiero pediros perdón y oír de vuestros labios que rezaréis por mí cuando esté lejos.

—¡Callad...! ¡Callad...!

—Os contemplo tan alta, tan lejos de mí, tan ideal, que juzgo vuestras oraciones como las de una santa.

—¡Callad...! ¡Callad...!

—Mi corazón agoniza sin esperanza. Acaso podré olvidaros, pero este amor habrá sido para mí como un fuego purificador.

—¡Callad...! ¡Callad...!

Yo tenía lágrimas en los ojos, y sabía que cuando se llora, las manos pueden arriesgarse a ser audaces. ¡Pobre María Rosario, quedóse pálida como una muerta, y pensé

que iba a desmayarse en mis brazos! Aquella niña era una
santa, y viéndome a tal extremo desgraciado, no tenía valor
para mostrarse más cruel conmigo. Cerraba los ojos, y
gemía agoniada:

—¡Dejadme...! ¡Dejadme...!

Yo murmuré:

—¿Por qué me aborrecéis tanto?

—¡Porque sois el Demonio!

Me miró despavorida, como si al sonido de mi voz se
despertase, y arrancándose de mis brazos huyó hacia la
ventana que doraban todavía los últimos rayos del sol.
Apoyó la frente en los cristales y comenzó a sollozar. En
el jardín se levantaba el canto de un ruiseñor, que evocaba,
en la sombra azul de la tarde, un recuerdo ingenuo de
santidad.

María Rosario llamó a la más niña de sus hermanas, que, con una muñeca en brazos, acababa de asomar en la puerta del salón. La llamaba con un afán angustioso y poderoso que encendía el candor de su carne con divinas rosas:

—¡Entra...! ¡Entra...!

La llamaba tendiéndole los brazos desde el fondo de la ventana. La niña, sin moverse, le mostró la muñeca.

—Me la hizo Polonio.

—Ven a enseñármela.

—¿No la ves así?

—No, no la veo.

María Nieves acabó por decidirse, y entró corriendo: Los cabellos flotaban sobre su espalda como una nube de oro. Era llena de gentileza, con movimientos de pájaro, alegres y ligeros: María Rosario, viéndola llegar, sonreía, cubierto el rostro de rubor y sin secar las lágrimas. Inclinóse para besarla, y la niña se le colgó al cuello, hablándole con agasajo al oído:

—¡Si le hicieses un vestido a mi muñeca...!

—¿Cómo lo quieres...?

María Rosario le acariciaba los cabellos, reteniéndola a su lado. Yo veía cómo sus dedos trémulos desaparecían bajo la infantil y olorosa crencha. En voz baja le dije:

—¿Qué temíais de mí?

Sus mejillas llamearon:

—Nada...

Y aquellos ojos como no he visto otros hasta ahora, ni los espero ver ya, tuvieron para mí una mirada tímida y amante. Callábamos conmovidos, y la niña empezó a referirnos la historia de su muñeca: Se llamaba Yolanda, y era una reina. Cuando le hiciesen aquel vestido de tisú, le pondrían también una corona. María Nieves hablaba sin descanso. Sonaba su voz con murmullo alegre, continuo como el borboteo de una fuente. Recordaba cuántas muñecas había tenido, y quería contar la historia de todas. Unas habían sido reinas, otras pastoras. Eran largas historias confusas, donde se repetían continuamente las mismas cosas. La niña extraviábase en aquellos relatos como en el jardín encantado del ogro las tres niñas hermanas, Andara, Magalona y Aladina... De pronto huyó de nuestro lado. María Rosario la llamó sobresaltada:

—¡Ven...! ¡No te vayas!

—No me voy.

Corría por el salón y la cabellera de oro le revoloteaba sobre los hombros. Como cautivos, la seguían a todas partes los ojos de María Rosario: Volvió a suplicarle:

—¡No te vayas...!

—Si no me voy.

La niña hablaba desde el fondo oscuro del salón. María Rosario, aprovechando el instante, murmuró con apagado acento:

—Marqués, salid de Ligura...

—¡Sería renunciar a veros!

—¿Y acaso no es hoy la última vez? Mañana entraré en el convento. ¡Marqués, oíd mi ruego!

—Quiero sufrir aquí... Quiero que mis ojos, que no lloran nunca, lloren cuando os vistan el hábito, cuando os corten los cabellos, cuando las rejas se cierren ante vos. ¡Quién sabe, si al veros sagrada por los votos, mi amor terreno no se convertirá en una devoción! ¡Vos sois una santa...!

—¡Marqués, no digáis impiedades!

Y me clavó los ojos tristes, suplicantes, guarnecidos de lágrimas como de oraciones purísimas. Entonces ya parecía olvidada de la niña que, sentada en un canapé, adormecía a su muñeca con viejas tonadillas del tiempo de las abuelas. En la sombra de aquel vasto salón donde las rosas esparcían su aroma, la canción de la niña tenía el encanto de esas rancias galanterías que parece se hayan desvanecido con los últimos sones de un minué.

Como una flor de sensitiva, María Rosario temblaba bajo mis ojos. Yo adivinaba en sus labios el anhelo y el temor de hablarme. De pronto me miró ansiosa, parpadeando como si saliese de un sueño. Con los brazos tendidos hacia mí, murmuró arrebatada, casi violenta:

—Salid hoy mismo para Roma. Os amenaza un peligro y tenéis que defenderos. Habéis sido delatado al Santo Oficio.

Yo repetí, sin ocultar mi sorpresa:

—¿Delatado al Santo Oficio?

—Sí, por brujo... Vos habíais perdido un anillo, y por arte diabólica lo recobrasteis... ¡Eso dicen, Marqués!

Yo exclamé con ironía:

—¿Y quien lo dice es vuestra madre?

—¡No...!

Sonreí tristemente:

—¡Vuestra madre, que me aborrece porque vos me amáis...!

—¡Jamás...! ¡Jamás...!

—¡Pobre niña, vuestro corazón tiembla por mí, presiente los peligros que me cercan y quiere prevenirlos!

—¡Callad, por compasión...! ¡No acuséis a mi madre...!

—¿Acaso ella no llevó su crueldad hasta acusaros a vos misma? ¿Acaso creyó vuestras palabras cuando le jurabais que no me habíais visto una noche?

—¡Sí, las creyó!

María Rosario había dejado de temblar. Erguíase inmaculada y heroica, como las santas ante las fieras del Circo. Yo insistí, con triste acento, gustando el placer doloroso y supremo del verdugo:

—No, no fuisteis creída. Vos lo sabéis. ¡Y cuántas lágrimas han vertido en la oscuridad vuestros ojos!

María Rosario retrocedió hasta el fondo de la ventana:

—¡Sois brujo...! ¡Han dicho la verdad...! ¡Sois brujo...!

Luego, rehaciéndose, quiso huir, pero yo la detuve:

—Escuchadme.

Ella me miraba con los ojos extraviados, haciendo la señal de la cruz:

—¡Sois brujo...! ¡Por favor, dejadme!

Yo murmuré con desesperación:

—¿También vos me acusáis?

—Decid entonces ¿cómo habéis sabido...?

La miré largo rato en silencio, hasta que sentí descender sobre mi espíritu el numen sagrado de los profetas:

—Lo he sabido, porque habéis rezado mucho para que lo supiese... ¡He tenido en un sueño revelación de todo...!

María Rosario respiraba anhelante. Otra vez quiso huir, y otra vez la detuve. Desfallecida y resignada, miró hacia el fondo del salón, llamando a la niña:

—¡Ven, hermana...! ¡Ven!

Y le tendía los brazos: La niña acudió corriendo. María Rosario la estrechó contra su pecho alzándola del suelo, pero estaba tan desfallecida de fuerzas, que apenas podía sostenerla, y suspirando con fatiga tuvo que sentarla sobre el alféizar de la ventana. Los rayos del sol poniente circundaron como una aureola la cabeza infantil. La crencha sedeña y olorosa fue como onda de luz sobre los hombros de la niña. Yo busqué en la sombra la mano de María Rosario.

—¡Curadme...!

Ella murmuró retirándose:

—¿Y cómo...?

—Jurad que me aborrecéis.

—Eso no...

—¿Y amarme?

—Tampoco. ¡Mi amor no es de este mundo!

Su voz era tan triste al pronunciar estas palabras, que yo sentí una emoción voluptuosa como si cayese sobre mi corazón rocío de lágrimas purísimas. Inclinándome para beber su aliento y su perfume, murmuré en voz baja y apasionada:

—Vos me pertenecéis. Hasta la celda del convento os

seguirá mi culto mundano. Solamente por vivir en vuestro recuerdo y en vuestras oraciones, moriría gustoso.

—¡Callad...! ¡Callad...!

María Rosario, con el rostro intensamente pálido, tendía sus manos temblorosas hacia la niña, que estaba sobre el alféizar, circundada por el último resplandor de la tarde, como un arcángel en una vidriera antigua. El recuerdo de aquel momento aún pone en mis mejillas un frío de muerte. Ante nuestros ojos espantados se abrió la ventana, con ese silencio de las cosas inexorables que están determinadas en lo invisible y han de suceder por un destino fatal y cruel. La figura de la niña, inmóvil sobre el alféizar, se destacó un momento en el azul del cielo donde palidecían las estrellas, y cayó al jardín, cuando llegaban a tocarla los brazos de la hermana.

¡Fue Satanás! ¡Fue Satanás...! Aún resuena en mi oído aquel grito angustiado de María Rosario. Después de tantos años aún la veo pálida, divina y trágica como el mármol de una estatua antigua. Aún siento el horror de aquella hora:

—¡Fue Satanás...! ¡Fue Satanás...!

La niña estaba inerte sobre el borde de la escalinata. El rostro aparecía entre el velo de los cabellos, blanco como un lirio, y de la rota sien manaba el hilo de sangre que los iba empapando. La hermana, como una poseída, gritaba:

—¡Fue Satanás...! ¡Fue Satanás...!

Levanté a la niña en brazos y sus ojos se abrieron un momento llenos de tristeza. La cabeza ensangrentada y mortal rodó yerta sobre mi hombro, y los ojos se cerraron de nuevo lentos como dos agonías. Los gritos de la hermana resonaban en el silencio del jardín:

—¡Fue Satanás...! ¡Fue Satanás...!

La cabellera de oro, aquella cabellera fluida como la luz, olorosa como un huerto, estaba negra de sangre. Yo la sentí pesar sobre mi hombro semejante a la fatalidad en un destino trágico. Con la niña en brazos subí la escalinata. En lo alto salió a mi encuentro el coro angustiado de las hermanas. Yo escuché su llanto y sus gritos, yo sentí la muda interrogación de aquellos rostros pálidos que tenían el espanto en los ojos. Los brazos se tendían hacia mí desesperados, y ellos recogieron el cuerpo de la hermana, y lo llevaron hacia el Palacio. Yo quedé inmóvil, sin valor para ir detrás, contemplando la sangre que tenía en las manos. Desde el fondo de las estancias llegaba hasta mí el lloro de las hermanas y los gritos ya roncos de aquella que clamaba enloquecida:

—¡Fue Satanás...! ¡Fue Satanás...!

Sentí miedo. Bajé a las caballerizas y con ayuda de un criado enganché los caballos a la silla de posta. Partí al galope. Al desaparecer bajo el arco de la plaza, volví los ojos llenos de lágrimas para enviarle un adiós al Palacio Gaetani. En la ventana, siempre abierta, me pareció distinguir una sombra trágica y desolada. ¡Pobre sombra envejecida, arrugada, miedosa que vaga todavía por aquellas estancias, y todavía cree verme acechándola en la oscuridad! Me contaron que ahora, al cabo de tantos años, ya repite sin pasión, sin duelo, con la monotonía de una vieja que reza: ¡Fue Satanás!

SONATA DE ESTÍO

MEMORIAS DEL MARQUÉS DE BRADOMÍN

Quería olvidar unos amores desgraciados, y pensé recorrer el mundo en romántica peregrinación. ¡Aún suspiro al recordarlo! Aquella mujer tiene en la historia de mi vida un recuerdo galante, cruel y glorioso, como lo tienen en la historia de los pueblos Thais la de Grecia, y Ninon la de Francia, esas dos cortesanas menos bellas que su destino. ¡Acaso el único destino que merece ser envidiado! Yo hubiérale tenido igual, y quizá más grande, de haber nacido mujer: Entonces lograría lo que jamás pude lograr. A las mujeres para ser felices les basta con no tener escrúpulos, y probablemente no los hubiera tenido esa quimérica Marquesa de Bradomín. Dios mediante, haría como las gentiles marquesas de mi tiempo que ahora se confiesan todos los viernes, después de haber pecado todos los días. Por cierto que algunas se han arrepentido todavía bellas y tentadoras, olvidando que basta un punto de contrición al sentir cercana la vejez.

Por aquellos días de peregrinación sentimental era yo joven y algo poeta, con ninguna experiencia y harta novelería en la cabeza. Creía de buena fe en muchas cosas que ahora pongo en duda, y libre de escepticismos, dábame buena prisa a gozar de la existencia. Aunque no lo confesase, y acaso sin saberlo, era feliz, con esa felicidad indefinible que da el poder amar a todas las mujeres. Sin ser un donjuanista, he vivido una juventud amorosa y apasionada, pero de amor juvenil y bullente, de pasión equilibrada y sanguínea. Los decadentismos de la generación nueva no los he sentido jamás. Todavía hoy, después de haber pecado tanto, tengo las mañanas triunfantes, y no puedo menos de sonreír recordando que hubo una época lejana donde lloré por muerto a mi corazón: Muerto de celos, de rabia y de amor.

Decidido a correr tierras, al principio dudé sin saber adónde dirigir mis pasos: Después, dejándome llevar de un impulso romántico, fui a México. Yo sentía levantarse en mi alma, como un canto homérico, la tradición aventurera de todo mi linaje. Uno de mis antepasados, Gonzalo de Sandoval, había fundado en aquellas tierras el Reino de la Nueva Galicia, otro había sido Inquisidor General, y todavía el Marqués de Bradomín conservaba allí los restos de un mayorazgo, deshecho entre legajos de un pleito. Sin meditarlo más, resolví atravesar los mares. Me atraía la leyenda mexicana con sus viejas dinastías y sus dioses crueles.

Embarqué en Londres, donde vivía emigrado desde la traición de Vergara. Los leales nunca reconocimos el Convenio. Hice el viaje a vela en una vieja fragata que después naufragó en las costas de Yucatán. Como un aventurero de otros tiempos, iba a perderme en la vastedad del viejo Imperio Azteca. Imperio de historia desconocida, sepultada para siempre con las momias de sus reyes, entre restos ciclópeos que hablan de civilizaciones, de cultos, de razas que fueron y sólo tienen par en ese misterioso cuanto remoto Oriente.

Aun cuando toda la navegación tuvimos tiempo de bo-
nanza, como yo iba herido de mal de amores, apenas salía
de mi camarote ni hablaba con nadie. Cierto que viajaba
por olvidar, pero hallaba tan novelescas mis cuitas, que no
me resolvía a ponerlas en olvido. En todo me ayudaba
aquello de ser inglesa la fragata y componerse el pasaje de
herejes y mercaderes. ¡Ojos perjuros y barbas de azafrán!
La raza sajona es la más despreciable de la tierra. Yo con-
templando sus pugilatos grotescos y pueriles sobre la
cubierta de la fragata, he sentido un nuevo matiz de la
vergüenza: La vergüenza zoológica.

¡Cuán diferente había sido mi primer viaje a bordo de
un navío genovés, que conducía viajeros de todas las partes
del mundo! Recuerdo que al tercer día ya tuteaba a un
príncipe napolitano, y no hubo entonces damisela mareada
a cuya pálida y despeinada frente no sirviese mi mano de
reclinatorio. Érame divertido entrar en los corros que se
formaban sobre cubierta a la sombra de grandes toldos de
lona, y aquí chapurrear el italiano con los mercaderes
griegos de rojo fez y fino bigote negro, y allá encender el
cigarro en la pipa de los misioneros armenios. Había gente
de toda laya: Tahúres que parecían diplomáticos, cantantes
con los dedos cubiertos de sortijas, abates barbilindos que
dejaban un rastro de almizcle, y generales americanos, y
toreros españoles, y judíos rusos, y grandes señores in-
gleses. Una farándula exótica y pintoresca que con su al-
garabía causaba vértigo y mareo. Era por los mares de
Oriente, con rumbo a Jafa. Yo iba como peregrino a Tierra
Santa.

El amanecer de las selvas tropicales, cuando sus maca-
cos aulladores y sus verdes bandadas de guacamayos sa-
ludan al sol, me ha recordado muchas veces los tres puentes
del navío genovés, con su feria babélica de tipos, de trajes
y de lenguas, pero más, mucho más me lo recordaron las

horas untadas de opio que constituian la vida a bordo de *La Dalila*. Por todas partes asomaban rostros pecosos y bermejos, cabellos azafranados y ojos perjuros. Herejes y mercaderes en el puente, herejes y mercaderes en la cámara. ¡Cualquiera tendría para desesperarse! Yo, sin embargo, lo llevaba con paciencia. Mi corazón estaba muerto, y desde que el cuitado diera las boqueadas, yo parecía otro hombre: Habíame vestido de luto, y en presencia de las mujeres, a poco lindos que tuviesen los ojos, adoptaba una actitud lúgubre de poeta sepulturero y doliente. En la soledad del camarote edificaba mi espíritu con largas reflexiones, considerando cuán pocos hombres tienen la suerte de llorar una infidelidad que hubiera cantado el divino Petrarca.

Por no ver aquella taifa luterana, apenas asomaba sobre cubierta. Solamente cuando el sol declinaba iba a sentarme en la popa, y allí, libre de importunos, pasábame las horas viendo borrarse la estela de la fragata. El mar de las Antillas, con su trémulo seno de esmeralda donde penetraba la vista, me atraía, me fascinaba, como fascinan los ojos verdes y traicioneros de las hadas que habitan palacios de cristal en el fondo de los lagos. Pensaba siempre en mi primer viaje. Allá, muy lejos, en la lontananza azul donde se disipan las horas felices, percibía como en esbozo fantástico las viejas placenterías. El lamento informe y sinfónico de las olas despertaba en mí un mundo de recuerdos: Perfiles desvanecidos, ecos de risas, murmullo de lenguas extranjeras, y los aplausos y el aleteo de los abanicos mezclándose a las notas de la tirolesa que en la cámara de los espejos cantaba Lilí. Era una resurrección de sensaciones, una esfumación deliciosa del pasado, algo etéreo, brillante, cubierto de polvo de oro, como esas reminiscencias que los sueños nos dan a veces de la vida.

Nuestra primera escala en aguas de México, fue San Juan de Tuxtlan. Recuerdo que era media mañana cuando bajo un sol abrasador que resecaba las maderas y derretía la brea, dimos fondo en aquellas aguas de bruñida plata. Los barqueros indios, verdosos como antiguos bronces, asaltan la fragata por ambos costados, y del fondo de sus canoas sacan exóticas mercancías: Cocos esculpidos, abanicos de palma y bastones de carey, que muestran sonriendo como mendigos a los pasajeros que se apoyan sobre la borda. Cuando levanto los ojos hasta los peñascos de la ribera, que asoman la tostada cabeza entre las olas, distingo grupos de muchachos desnudos que se arrojan desde ellos y nadan grandes distancias, hablándose a medida que se separan y lanzando gritos. Algunos descansan sentados en las rocas, con los pies en el agua. Otros se encaraman para secarse al sol, que los ilumina de soslayo, gráciles y desnudos, como figuras de un friso del Parthenón.

Por huir del enojo que me causaba la vida a bordo, decidíme a desembarcar. No olvidaré nunca las tres horas mortales que duró el pasaje desde la fragata a la playa. Aletargado por el calor, voy todo este tiempo echado en el fondo de la canoa de un negro africano que mueve los remos con lentitud desesperante. A través de los párpados entornados veía erguirse y doblarse sobre mí, guardando el mareante compás de la bogada, aquella figura de carbón, que unas veces me sonríe con sus abultados labios de gigante, y otras silba esos aires cargados de religioso sopor, una música compuesta solamente de tres notas tristes, con que los magnetizadores de algunas tribus salvajes adormecen a las grandes culebras. Así debía ser el viaje infernal de los antiguos en la barca de Caronte: Sol abrasador, horizontes blanquecinos y calcinados, mar en calma sin brisas ni murmullos, y en el aire todo el calor de las fraguas de Vulcano.

Cuando arribamos a la playa, se levantaba una fresca ventolina, y el mar, que momentos antes semejaba de plomo, empezaba a rizarse. *La Dalila* no tardaría en levar anclas para aprovechar el viento que llegaba tras largos días de calma. Solamente me quedaban algunas horas para recorrer aquel villaje indio. De mi paseo por las calles arenosas de San Juan de Tuxtlan conservo una impresión somnolente y confusa, parecida a la que deja un libro de grabados hojeado perezosamente en la hamaca durante el bochorno de la siesta. Hasta me parece que, cerrando los ojos, el recuerdo se aviva y cobra relieve. Vuelvo a sentir la angustia de la sed y el polvo: Atiendo al despacioso ir y venir de aquellos indios ensabanados como fantasmas, oigo la voz melosa de aquellas criollas ataviadas con graciosa ingenuidad de estatuas clásicas, el cabello suelto, los hombros desnudos, velados apenas por rebocillo de transparente seda.

Aun a riesgo de que la fragata se hiciese a la vela, busqué un caballo y me aventuré hasta las ruinas de Tequil. Un indio adolescente me sirvió de guía. El calor era insoportable. Casi siempre al galope, recorrí extensas llanuras de Tierra Caliente, plantíos que no acaban nunca, de henequén y caña dulce. En la línea del horizonte se perfilaban las colinas de configuración volcánica revestidas de maleza espesa y verdinegra. En la llanura los chaparros tendían sus ramas, formando una a modo de sombrilla gigantesca, y sentados en rueda, algunos indios devoraban la miserable ración de tamales. Nosotros seguíamos una senda roja y polvorienta. El guía, casi desnudo, corría delante de mi caballo. Sin hacer alto una sola vez, llegamos a Tequil. En aquellas ruinas de palacios, de pirámides y de templos gigantes, donde crecen polvorientos sicomoros y anidan verdes reptiles, he visto por primera vez una singular mujer a quien sus criados indios, casi estoy por decir sus siervos, llamaban dulcemente la Niña Chole. Venía de camino hacia San Juan de Tuxtlan y descansaba a la sombra de una pirámide, entre el cortejo de sus servidores. Era una belleza bronceada, exótica, con esa gracia extraña y ondulante de las razas nómadas, una figura hierática y serpentina, cuya contemplación evocaba el recuerdo de aquellas princesas hijas del sol, que en los poemas indios resplandecen con el doble encanto sacerdotal y voluptuoso. Vestía como las criollas yucatecas, albo hipil recamado con sedas de colores, vestidura indígena semejante a una tunicela antigua y zagalejo andaluz, que en aquellas tierras ayer españolas llaman todavía con el castizo y jacaresco nombre de fustán. El negro cabello caíale suelto, el hipil jugaba sobre el clásico seno. Por desgracia, yo solamente podía verle el rostro aquellas raras veces que hacia mí lo tornaba, y la Niña Chole tenía esas bellas actitudes de ídolo, esa quietud extática y sagrada de la raza maya, raza tan antigua, tan noble, tan misteriosa, que parece haber emigrado del fondo de la India. Pero a cambio del rostro, desquitábame en aquello que no alcanzaba a velar el rebocillo, admirando cómo se mecía la tornátil morbidez de los hombros y el contorno del cuello. ¡Válgame Dios! Me parecía que de aquel cuerpo bruñido por los ardientes soles yucatecos se exhalaban lánguidos efluvios, y que yo los aspiraba, los bebía, que me embriagaba con ellos... Un criado indio trae del diestro el palafrén. La Niña le habla en su vieja lengua y cabalga sonriendo. Entonces, al verla de frente, el corazón me dio un vuelco. Tenía la misma sonrisa de Lilí. ¡Aquella Lilí, no sé si amada, si aborrecida!

Descansé en un bohío levantado en medio de las ruinas, y adormecí en la hamaca colgada de un cedro gigantesco que daba sombra a la puerta. El campo se hundía lentamente en el silencio amoroso y lleno de suspiros de un atardecer ardiente. La brisa aromada y fecunda de los crepúsculos tropicales oreaba mi frente. La campiña toda se estremecía cual si al acercarse sintiese la hora de sus nupcias, y exhalaba de sus entrañas vírgenes un vaho caliente de negra enamorada, potente y deseosa.

Adormecido por el ajetreo, el calor y el polvo, soñé como un árabe que imaginase haber traspasado los umbrales del Paraíso. ¿Necesitaré decir que las siete huríes con que me regaló el Profeta eran siete criollas vestidas de fustán e hipil, y que todas tenían la sonrisa de Lilí y el mirar de la Niña Chole? Verdaderamente, aquella musmé de los palacios de Tequil empezaba a preocuparme demasiado. Lo advertí con terror, porque estaba seguro de concluir enamorándome locamente de sus lindos ojos si tenía la desgracia de volver a verlos. Afortunadamente, las mujeres que así tan de súbito nos cautivan suelen no aparecerse más que una vez en la vida. Pasan como sombras, envueltas en el misterio de un crepúsculo ideal. Si volviesen a pasar, quizá desvaneceríase el encanto. ¡Y a qué volver, si una mirada suya basta a comunicarnos todas las secretas melancolías del amor!

¡Oh románticos devaneos, pobres hijos del ideal, nacidos durante algunas horas de viaje! ¿Quién llegó a viejo y no ha sentido estremecerse el corazón bajo la caricia de vuestra ala blanca? ¡Yo guardo en el alma tantos de estos amores!... Aun hoy, con la cabeza llena de canas, viejo prematuro, no puedo recordar sin melancolía un rostro de mujer, entrevisto cierta madrugada entre Urbino y Roma, cuando yo estaba en la Guardia Noble de Su Santidad: Es una figura de ensueño pálida y suspirante, que flota en lo pasado y esparce sobre todos mis recuerdos juveniles el perfume ideal de esas flores secas que entre cartas y rizos guardan los enamorados, y en el fondo de algún cofrecillo parecen exhalar el cándido secreto de los primeros amores.

Los ojos de la Niña Chole habían removido en mi alma tan lejanas memorias, tenues como fantasmas, blancas como bañadas por luz de luna. Aquella sonrisa, evocadora de otra sonrisa lejana, había encendido en mi sangre tumultuosos deseos y en mi espíritu ansia vaga de amor. Rejuvenecido y feliz, con cierta felicidad melancólica, suspiraba por los amores ya vividos, al mismo tiempo que me embriagaba con el perfume de aquellas rosas abrileñas que tornaban a engalanar el viejo tronco. El corazón, tanto tiempo muerto, sentía con la ola de savia juvenil que lo inundaba nuevamente, la nostalgia de viejas sensaciones: Sumergíase en la niebla del pasado y saboreaba el placer de los recuerdos, ese placer de moribundo que amó mucho y en formas muy diversas. ¡Ay, era delicioso aquel estremecimiento que la imaginación excitada comunicaba a los nervios!...

Y en tanto, la noche detendía por la gran llanura su sombra llena de promesas apasionadas, y los pájaros de largas alas volaban de las ruinas. Di algunos pasos, y con voces que repitió el eco milenario de aquellas ruinas, llamé al indio que me servía de guía. Con el overo ya embridado, asomó tras un ídolo gigantesco esculpido en piedra roja. Cabalgué y partimos. El horizonte relampagueaba. Un vago olor marino, olor de algas y brea, mezclábase por veces al mareante de la campiña, y allá, muy lejos, en el fondo oscuro del horizonte, se divisaba el resplandor rojizo de la selva que ardía. La naturaleza, lujuriosa y salvaje, aún palpitante del calor de la tarde, semejaba dormir el sueño profundo y jadeante de una fiera fecundada. En aquellas tinieblas pobladas de susurros nupciales y de moscas de luz que danzan entre las altas yerbas, raudas y quiméricas, me parecía respirar una esencia suave, deliciosa, divina: La esencia que la madurez estival vierte en el cáliz de las flores y en los corazones.

Ya metida la noche llegamos a San Juan de Tuxtlan.
Descabalgué y, arrojando al guía las riendas del caballo,
por una calle solitaria bajé solo a la playa. Al darme en el
rostro la brisa del mar, avizoréme pensando si la fragata
habría zarpado. En estas dudas iba, cuando percibo a mi
espalda blando rumor de pisadas descalzas. Un indio en-
sabanado se me acerca:

—¿No tiene mi amito cosita que me ordenar?

—Nada, nada...

El indio hace señal de alejarse:

—¿Ni precisa que le guíe, niño?

—No preciso nada.

Sombrío y musitando, embózase mejor en la sábana que
le sirve de clámide y se va. Yo sigo adelante camino de la
playa. De pronto la voz mansa y humilde del indio llega
nuevamente a mi oído. Vuelvo la cabeza y le descubro a
pocos pasos. Venía a la carrera y cantaba los gozos de
Nuestra Señora de Guadalupe. Me dio alcance y murmuró
emparejándose:

—De verdad, niño, si se pierde no sabrá salir de los
médanos...

El hombre empieza a cansarme, y me resuelvo a no
contestarle. Esto, sin duda, le anima, porque sigue aco-
sándome buen rato de camino. Calla un momento y luego,
en tono misterioso, añade:

—¿No quiere que le lleve junto a una chinita, mi jefe?...
Una tapatía de quince años que vive aquí merito. Ándele,
niño, verá bailar el jarabe. Todavía no hace un mes que la
perdió el amo del ranchito de Huaxila: Niño Nacho, ¿no
sabe?

De pronto se interrumpe, y con un salto de salvaje
plántaseme delante en ánimo y actitud de cerrarme el paso:
Encorvado, el sombrero en una mano a guisa de broquel,
la otra echada fieramente atrás, armada de una faca ancha

y reluciente. Confieso que me sobrecogí. El paraje era a propósito para tal linaje de asechanzas: Médanos pantanosos cercados de negros charcos donde se reflejaba la luna, y allá lejos una barraca de siniestro aspecto, con los resquicios iluminados por la luz de dentro. Quizá me dejo robar entonces si llega a ser menos cortés el ladrón y me habla torvo y amenazante, jurando arrancarme las entrañas y prometiendo beberse toda mi sangre. Pero en vez de la intimación breve e imperiosa que esperaba, le escuché murmurar con su eterna voz de esclavo:

—No se llegue, mi amito, que puede clavarse...

Oírle y recobrarme fue obra de un instante. El indio ya se recogía, como un gato montés, dispuesto a saltar sobre mí. Parecióme sentir en la médula el frío del acero: Tuve horror a morir apuñalado, y de pronto me sentí fuerte y valeroso. Con ligero estremecimiento en la voz, grité al truhán adelantando un paso, apercibido a resistirle:

—¡Andando o te dejo seco!

El indio no se movió. Su voz de siervo parecióme llena de ironía:

—¡No se arrugue, valedor!... Si quiere pasar, ahí merito, sobre esa piedra, arríe la plata. Ándele, luego, luego.

Otra vez volví a tener miedo de aquella faca reluciente. Sin embargo murmuré resuelto:

—¡Ahora vamos a verlo, bandido!

No llevaba armas, pero en las pirámides de Tequil, a un indio que vendía pieles de jaguar había tenido el capricho de comprarle su bordón que me encantó por la rareza de las labores. Aún lo conservo: Parece el cetro de un rey negro, tan oriental, y al mismo tiempo tan ingenua y primitiva, es la fantasía con que está labrado. Me afirmé en guardia, requerí el palo, y con gentil compás de pies, como diría un bravo de ha dos siglos, adelanté hacia el ladrón, que dio un paso procurando herirme de soslayo. Por ventura mía, la luna dábale de lleno y advertí el ataque en sazón de evitarlo. Recuerdo confusamente que intenté un desarme con amago a la cabeza y golpe al brazo, y que el indio lo evitó jugándome la luz con destreza de salvaje. Después no sé.

Sólo conservo una impresión angustiosa como de pesadi-
lla. El médano iluminado por la luna, la arena negra y
movediza donde se entierran los pies, el brazo que se cansa,
la vista que se turba, el indio que desaparece, vuelve, me
acosa, se encorva y salta con furia fantástica de gato em-
brujado, y cuando el palo va a desprenderse de mi mano,
un bulto que huye y el brillo de la faca que pasa sobre mi
cabeza y queda temblando como víbora de plata clavada
en el árbol negro y retorcido de una cruz hecha de dos
troncos chamuscados... Quedéme un momento azorado y
sin darme cuenta cabal del suceso. Como a través de niebla
muy espesa, vi abrirse sigilosamente la puerta de la barraca
y salir dos hombres a catear la playa. Recelé algún encuen-
tro como el pasado, y tomé a buen paso camino del mar.
Llegué a punto que largaba un bote de la fragata, donde iba
el segundo de a bordo. Gritéle, y mandó virar para reco-
germe.

Llegado que fui a la fragata, recogíme a mi camarote, y como estuviese muy fatigado, me acosté en seguida. Cátate que no bien apago la luz empiezan a removerse las víboras mal dormidas del deseo que desde todo el día llevaba enroscadas al corazón, apercibidas a morderle. Al mismo tiempo sentíame invadido por una gran melancolía, llena de confusión y de misterio. La melancolía del sexo, germen de la gran tristeza humana. El recuerdo de la Niña Chole perseguíame con mariposeo ingrávido y terco. Su belleza índica, y aquel encanto sacerdotal, aquella gracia serpentina, y el mirar sibilino, y las caderas tornátiles, la sonrisa inquietante, los pies de niña, los hombros desnudos, todo cuanto la mente adivinaba, cuanto los ojos vieran, todo, todo era hoguera voraz en que mi carne ardía. Me figuraba que las formas juveniles y gloriosas de aquella musmé yucateca florecían entre céfiros, y que veladas primero se entreabrían turgentes, frescas, lujuriosas, fragantes como rosas de japonería en los jardines de Tierra Caliente. Y era tal el poder sugestivo del recuerdo, que en algunos momentos creí respirar el perfume voluptuoso que al andar esparcía su falda, con ondulaciones suaves.

Poco a poco cerróme los ojos la fatiga, y el arrullo monótono y regular del agua acabó de sumirme en un sueño amoroso, febril e inquieto, representación y símbolo de mi vida. Despertéme al amanecer con los nervios vibrantes, cual si hubiese pasado la noche en un invernadero, entre plantas exóticas, de aromas raros, afroditas y penetrantes. Sobre mi cabeza sonaban voces confusas y blando pataleo de pies descalzos, todo ello acompañado de mucho chapoteo y trajín. Empezaba la faena del baldeo. Me levanté y subí al puente. Heme ya respirando la ventolina que huele a brea y algas. En aquella hora el calor es delcitante. Percíbense en el aire estremecimientos voluptuosos: El horizonte ríe bajo un hermoso sol.

Envuelto en el rosado vapor que la claridad del alba extendía sobre el mar azul, adelantaba un esquife. Era tan esbelto, ligero y blanco, que la clásica comparación con la gaviota y con el cisne veníale de perlas. En las bancas traía hasta seis remeros. Bajo un palio de lona, levantado a popa, se guarecía del sol una figura vestida de blanco. Cuando el esquife tocó la escalera de la fragata ya estaba yo allí, en confusa espera de no sé qué gran ventura. Una mujer viene sentada al timón. El toldo solamente me deja ver el borde de la falda y los pies de reina calzados con chapines de raso blanco, pero mi alma la adivina. ¡Es ella, la musmé de los palacios de Tequil!..,.Sí, era ella, más gentil que nunca, velada apenas en el rebocillo de seda. Hela en pie sobre la banca, apoyada en los hercúleos hombros de un marinero negro. El labio abultado y rojo de la criolla sonríe con la gracia inquietante de una egipcia, de una turania. Sus ojos, envueltos en la sombra de las pestañas, tienen algo de misterioso, de quimérico y lejano, algo que hace recordar las antiguas y nobles razas que en remotas edades fundaron grandes Imperios en los países del sol... El esquife cabecea al costado de la fragata. La criolla, entre asustada y divertida, se agarra a los crespos cabellos del gigante, que impensadamente la toma al vuelo y se lanza con ella a la escala. Los dos ríen envueltos en un salsero que les moja la cara. Ya sobre cubierta, el coloso negro la deja sola y se aparta secreteando con el contramaestre.

Yo gano la cámara por donde necesariamente han de pasar. Nunca el corazón me ha latido con más violencia. Recuerdo perfectamente que estaba desierta y un poco oscura. Las luces del amanecer cabrilleaban en los cristales. Pasa un momento. Oigo voces y gorjeos: Un rayo de sol más juguetón, más vivo, más alegre, ilumina la cámara, y en el fondo de los espejos se refleja la imagen de la Niña Chole.

Fue aquél uno de esos largos días de mar encalmados y bochornosos que navegando a vela no tienen fin. Sólo de tiempo en tiempo alguna ráfaga cálida pasaba entre las jarcias y hacía flamear el velamen. Yo andaba avizorado y errabundo, con la esperanza de que la Niña Chole se dejase ver sobre cubierta algún momento. Vana esperanza. La Niña Chole permaneció retirada en su camarote, y acaso por eso las horas me parecieron, como nunca, llenas de tedio. Desengañado de aquella sonrisa que yo había visto y amado en otros labios, fui a sentarme en la popa.

Sobre el dormido cristal de esmeralda, la fragata dejaba una estela de bullentes rizos. Sin saber cómo resurgió en mi memoria cierta canción americana que Nieves Agar, la amiga querida de mi madre, me enseñaba hace muchos años, allá en tiempos cuando yo era rubio como un tesoro y solía dormirme en el regazo de las señoras que iban de tertulia al Palacio de Bradomín. Esta afición a dormir en un regazo femenino la conservo todavía. ¡Pobre Nieves Agar, cuántas veces me has mecido en tus rodillas al compás de aquel danzón que cuenta la historia de una criolla más bella que Atala, dormida en hamaca de seda, a la sombra de los cocoteros! ¡Tal vez la historia de otra Niña Chole!

Ensoñador y melancólico permanecí toda la tarde sentado a la sombra del foque, que caía lacio sobre mi cabeza. Solamente al declinar el sol se levantó una ventolina, y la fragata, con todo su velamen desplegado, pudo doblar la Isla de Sacrificios y dar fondo en aguas de Veracruz. Cautiva el alma de religiosa emoción, contemplé la abrasada playa donde desembarcaron antes que pueblo alguno de la vieja Europa, los aventureros españoles, hijos de Alarico el bárbaro y de Tarik el moro. Vi la ciudad que fundaron, y a la que dieron abolengo de valentía, espejarse en el mar quieto y de plomo como si mirase fascinada la ruta que trajeron los hombres blancos: A un lado, sobre desierto islote de granito, baña sus pies en las olas el Castillo de Ulúa, sombra romántica que evoca un pasado feudal que allí no hubo, y a lo lejos la cordillera del Orizaba, blanca como la cabeza de un abuelo, proyéctase con indecisión fantástica sobre un cielo clásico, de límpido y profundo azul. Recordé lecturas casi olvidadas que, niño aún, me habían hecho soñar con aquella tierra hija del sol: Narraciones medio históricas, medio novelescas, en que siempre se dibujaban hombres de tez cobriza, tristes y silenciosos como cumple a los héroes vencidos, y selvas vírgenes pobladas de pájaros de brillante plumaje, y mujeres como la Niña Chole, ardientes y morenas, símbolo de la pasión que dijo un cuitado poeta de estos tiempos.

Como no es posible renunciar a la patria, yo, español y caballero, sentía el corazón henchido de entusiasmo, y poblada de visiones gloriosas la mente, y la memoria llena de recuerdos históricos. La imaginación exaltada me fingía al aventurero extremeño poniendo fuego a sus naves, y a sus hombres esparcidos por la arena, atisbándole de través, los mostachos enhiestos al antiguo uso marcial, y sombríos los rostros varoniles, curtidos y con pátina, como las figuras de los cuadros muy viejos. Yo iba a desembarcar en aquella playa sagrada, siguiendo los impulsos de una vida errante, y al perderme, quizá para siempre, en la vastedad del viejo Imperio Azteca, sentía levantarse en mi alma de aventurero, de hidalgo y de cristiano, el rumor augusto de la Historia.

Apenas anclamos, sale en tropel de la ribera una gentil flotilla compuesta de esquifes y canoas. Desde muy lejos se oye el son monótono del remo. Algunas cabezas asoman sobre la borda de la fragata, y el avizorado pasaje hormiguea, se agita y se desata en el entrepuente. Háblase a gritos el español, el inglés, el chino. Todos se afanan y hacen señas a los barqueros indios para que se aproximen: Ajustan, disputan, regatean, y al cabo, como rosario que se desgrana, van cayendo en el fondo de las canoas que rodean la escalera y esperan ya con los remos armados. La flotilla se dispersa. Todavía a larga distancia vese una diminuta figura moverse agitando los brazos y se oyen sus voces, que destaca y agranda la quietud solemne de aquellas regiones abrasadas. Ni una sola cabeza se ha vuelto hacia la fragata para mandarle un adiós de despedida. Allá van, sin otro deseo que tocar cuanto antes la orilla. Son los conquistadores del oro. La noche se avecina. En esta hora del crepúsculo, el deseo ardiente que la Niña Chole me produce se aquilata y purifica, hasta convertirse en ansia vaga de amor ideal y poético. Todo oscurece lentamente: Gime la brisa, riela la luna, el cielo azul turquí se torna negro, de un negro solemne donde las estrellas adquieren una limpidez profunda. Es la noche americana de los poetas.

Acababa de bajar a mi camarote, y hallábame tendido en la litera fumando una pipa, y quizá soñando con la Niña Chole, cuando se abre la puerta y veo aparecer a Julio César, rapazuelo mulato que me había regalado en Jamaica cierto aventurero portugués que, andando el tiempo, llegó a general en la República Dominicana. Julio César se detiene en la puerta, bajo el pabellón que forman las cortinas:

—¡Mi amito! A bordo viene un moreno que mata los tiburones en el agua con el trinchete. ¡Suba, mi amito, no se dilate!...

Y desaparece velozmente, como esos etíopes carceleros de princesas en los castillos encantados. Yo, espoleado por la curiosidad, salgo tras él. Heme en el puente que ilumina la plácida claridad del plenilunio. Un negro colosal, con el traje de tela chorreando agua, se sacude como un gorila, en medio del corro que a su rededor han formado los pasajeros, y sonríe mostrando sus blancos dientes de animal familiar. A pocos pasos dos marineros encorvados sobre la borda de estribor, halan un tiburón medio degollado, que se balancea fuera del agua al costado de la fragata. Mas he ahí que de pronto rompe el cable, y el tiburón desaparece en medio de un remolino de espumas. El negrazo musita apretando los labios elefancíacos:

—¡Pendejos!

Y se va, dejando como un rastro en la cubierta del navío las huellas húmedas de sus pies descalzos. Una voz femenina le grita desde lejos:

—¡Ché, moreno!...

—¡Voy, horita!... No me dilato.

La forma de una mujer blanquea en la puerta de la cámara. ¡No hay duda, es ella! ¿Pero cómo no la he adivinado? ¿Qué hacías tú, corazón, que no me anunciabas su presencia? ¡Oh, con cuánto gusto hubiérate entonces puesto bajo sus lindos pies para castigo! El marinero se acerca:

—¿Manda alguna cosa la Niña?

—Quiero verte matar un tiburón.

El negro sonríe con esa sonrisa blanca de los salvajes, y pronuncia lentamente, sin apartar los ojos de las olas que argenta la luna:

—No puede ser, mi amita: Se ha juntado una punta, ¿sabe?

—¿Y tienes miedo?

—¡Qué va!... Aunque fácilmente, como la sazón está peligrosa... Vea su merced no más...

La Niña Chole no le dejó concluir:

—¿Cuánto te han dado esos señores?

—Veinte tostones: Dos centenes ¿sabe?

Oyó la respuesta el contramaestre, que pasaba ordenando una maniobra, y con esa concisión dura y franca de los marinos curtidos, sin apartar el pito de los labios ni volver la cabeza, apuntóle:

—¡Cuatro monedas y no seas guaje!...

El negro pareció dudar. Asomóse al barandal de estribor y observó un instante el fondo del mar, donde temblaban amortiguadas las estrellas. Veíanse cruzar argentados y fantásticos peces que dejaban tras sí estela de fosforescentes chispas y desaparecían confundidos con los rieles de la luna: En la zona de sombra que sobre el azul de las olas proyectaba el costado de la fragata, esbozábase la informe mancha de una cuadrilla de tiburones. El marinero se apartó reflexionando. Todavía volvióse una o dos veces a mirar las dormidas olas, como penetrado de la queja que lanzaban en el silencio de la noche. Picó un cigarro con las uñas, y se acercó:

—Cuatro centenes ¿le apetece a mi amita?

La Niña Chole, con ese desdén patricio que las criollas opulentas sienten por los negros, volvió a él su hermosa cabeza de reina india, y en tono tal, que las palabras parecían dormirse cargadas de tedio en el borde de los labios, murmuró:

—¿Acabarás?... ¡Sean los cuatro centenes!...

Los labios hidrópicos del negro esbozaron una sonrisa

de ogro avaro y sensual: Seguidamente despojóse de la blusa, desenvainó el cuchillo que llevaba en la cintura y como un perro de Terranova tomóle entre los dientes y se encaramó sobre la borda. El agua del mar relucía aún en aquel torso desnudo que parecía de barnizado ébano. Inclinóse el negrazo sondando con los ojos el abismo: Luego, cuando los tiburones salieron a la superficie, le vi erguirse negro y mitológico sobre el barandal que iluminaba la luna, y con los brazos extendidos echarse de cabeza y desaparecer buceando. Tripulación y pasajeros, cuantos se hallaban sobre cubierta, agolpáronse a la borda. Sumiéronse los tiburones en busca del negro, y todas las miradas quedaron fijas en un remolino que no tuvo tiempo a borrarse, porque casi incontinenti una mancha de espumas rojas coloreó el mar, y en medio de los hurras de la marinería y el vigoroso aplaudir de las manos coloradotas y plebeyas de los mercaderes, salió a flote la testa chata y lanuda del marinero que nadaba ayudándose de un solo brazo, mientras con el otro sostenía entre aguas un tiburón apresado por la garganta, donde traía hundido el cuchillo... Tratóse en tropel de izar al negro: Arrojáronse cuerdas, ya para el caso prevenidas, y cuando levantaba medio cuerpo fuera del agua, rasgó el aire un alarido horrible, y le vimos abrir los brazos y desaparecer sorbido por los tiburones. Yo permanecía aún sobrecogido cuando sonó a mi espalda una voz que decía:

—¿Quiere hacerme sitio, señor?

Al mismo tiempo alguien tocó suavemente mi hombro. volví la cabeza y halléme con la Niña Chole. Vagaba, cual siempre, por su labio inquietante sonrisa, y abría y cerraba velozmente una de sus manos, en cuya palma vi lucir varias monedas de oro. Rogóme con fanático misterio que la dejase sitio, y doblándose sobre la borda las arrojó lo más lejos que pudo. En seguida volvióse a mí con gentil escorzo de todo el busto:

—¡Bien se lo ha ganado!

Yo debía estar más pálido que la muerte, pero como ella fijaba en mí sus hermosos ojos y sonreía, vencióme el encanto de los sentidos, y mis labios aún trémulos, pagaron aquella sonrisa de reina antigua con la sonrisa del esclavo que aprueba cuanto hace su señor. La crueldad de la criolla me horrorizaba y me atraía: Nunca como entonces me pareciera tentadora y bella. Del mar oscuro y misterioso subían murmullos y aromas: La blanca luna les prestaba no sé qué rara voluptuosidad. La trágica muerte de aquel coloso negro, el mudo espanto que se pintaba aún en todos los rostros, un violín que lloraba en la cámara, todo en aquella noche, bajo aquella luna, era para mí objeto de voluptuosidad depravada y sutil...

Alejóse la Niña Chole con ese andar rítmico y ondulante que recuerda al tigre, y al desaparecer, una duda cruel me mordió el corazón. Hasta entonces no había reparado que a mi lado estaba un adolescente bello y rubio, que recordé haber visto al desembarcar en la playa de Tuxtlan. ¿Sería para él la sonrisa de aquella boca, en donde parecía dormir el enigma de algún antiguo culto licencioso, crucl y diabólico?

Con las primeras luces del alba desembarqué en Veracruz. Tuve miedo de aquella sonrisa, la sonrisa de Lilí que ahora se me aparecía en boca de otra mujer. Tuve miedo de aquellos labios, los labios de Lilí, frescos, rojos, fragantes como las cerezas de nuestro huerto, que tanto gustaba de ofrecerme en ellos. Si el pobre corazón es liberal, y dio hospedaje al amor más de una y de dos veces, y gustó sus contadas alegrías, y padeció sus innumerables tristezas, no pueden menos de causarle temblores, miradas y sonrisas cuando los ojos y los labios que las prodigan son como los de la Niña Chole. ¡Yo he temblado entonces, y temblaría hoy, que la nieve de tantos inviernos cayó sin deshelarse sobre mi cabeza!

Ya otras veces había sentido ese mismo terror de amar, pero llegado el trance de poner tierra por medio, siempre me habían faltado los ánimos como a una romántica damisela. ¡Flaquezas del corazón mimado toda la vida por mi ternura, y toda la vida dándome sinsabores! Hoy tengo por experiencia averiguado que únicamente los grandes santos y los grandes pecadores, poseen la virtud necesaria para huir las tentaciones del amor. Yo confieso humildemente que sólo en aquella ocasión pude dejar de ofrecerle el nido de mi pecho al sentir el roce de sus alas. ¡Tal vez por eso el destino tomó a empeño probar el temple de mi alma!

Cuando arribábamos a la playa en un esquife de la fragata, otro esquife empavesado con banderas y gallardetes, acababa de varar en ella, y mis ojos adivinaron a la Niña Chole en aquella mujer blanca y velada que desde la proa saltó a la orilla. Sin duda estaba escrito que yo había de ser tentado y vencido. Hay mártires con quienes el diablo se divierte robándoles la palma y, desgraciadamente, yo he sido uno de esos toda la vida. Pasé por el mundo como un santo caído de su altar y descalabrado. Por fortuna, algunas veces pude hallar manos blancas y piadosas que vendasen mi corazón herido. Hoy, al contemplar las viejas cicatrices y recordar cómo fui vencido, casi me consuelo. En una historia de España, donde leía siendo niño, aprendí que lo mismo da triunfar que hacer gloriosa la derrota.

Al desembarcar en Veracruz, mi alma se llenó de sentimientos heroicos. Yo crucé ante la Niña Chole orgulloso y soberbio como un conquistador antiguo. Allá en sus tiempos mi antepasado Gonzalo de Sandoval, que fundó en México el Reino de la Nueva Galicia, no habrá mostrado mayor desvío ante las princesas aztecas sus prisioneras, y sin duda la Niña Chole era como aquellas princesas que sentían el amor al ser ultrajadas y vencidas, porque me miraron largamente sus ojos y la sonrisa más bella de su boca fue para mí. La deshojaron los labios como las esclavas deshojaban las rosas al paso triunfal de los vencedores. Yo, sin embargo, supe permanecer desdeñoso.

Por aquella playa de dorada arena subimos a la par, la Niña Chole entre un cortejo de criados indios, yo precedido de mi esclavo negro. Casi rozando nuestras cabezas volaban torpes bandadas de feos y negros pajarracos. Era un continuado y asustadizo batir de alas que pasaban oscureciendo el sol. Yo las sentía en el rostro como fieros abanicazos. Tan presto iban rastreando como se remontaban en la claridad azul. Aquellas largas y sombrías bandadas cerníanse en la altura con revuelo quimérico, y al caer sobre las blancas azoteas moriscas las ennegrecían, y al posarse en los cocoteros del arenal desgajaban las palmas. Parecían aves de las ruinas con su cabeza leprosa, y sus alas flequeadas, y su plumaje de luto, de un negro miserable, sin brillo ni tornasoles. Había cientos, había miles. Un esquilón tocaba a misa de alba en la iglesia de los Dominicos que estaba al paso, y la Niña Chole entró con el cortejo de sus criados. Todavía desde la puerta me envió una sonrisa. ¡Pero lo que acabó de prendarme fue aquella muestra de piedad!

En la Villa Rica de la Veracruz fue mi alojamiento un venerable parador que acordaba el tiempo feliz de los virreyes. Yo esperaba detenerme allí pocas horas. Quería reunir una escolta aquel mismo día y ponerme en camino para las tierras que habían constituido mi mayorazgo. Por entonces sólo con buena guardia de escopeteros era dado aventurarse en los caminos mexicanos, donde señoreaban cuadrillas de bandoleros: ¡Aquellos plateados tan famosos por su fiera bravura y su lujoso arreo! Eran los tiempos de Adriano Cuéllar y Juan de Guzmán.

De pronto, en el patio lleno de sol apareció la Niña Chole con su séquito de criados. Majestuosa y altiva se acercaba con lentitud, dando órdenes a un caballerango que escuchaba con los ojos bajos y respondía en lengua yucateca, esa vieja lengua que tiene la dulzura del italiano y la ingenuidad pintoresca de los idiomas primitivos. Al verme hizo una gentil cortesía, y por su mandato corrieron a buscarme tres indias núbiles que parecían sus azafatas. Hablaban alternativamente como novicias que han aprendido una letanía y recitan aquello que mejor saben. Hablaban lentas y humildes, sin levantar la mirada:

—Es la Niña que nos envía, señor...

—Nos envía para decirle...

—Perdone vos, para rogarle, señor...

—Como ha sabido la Niña que vos, señor, junta una escolta, y ella también tiene de hacer camino.

—¡Mucho camino, señor!

—¡Hartas leguas, señor!

—¡Más de dos días, señor!

Seguí a las azafatas. La Niña Chole me recibió agitando las manos:

—¡Oh! Perdone el enojo.

Su voz era queda, salmodiada y dulce, voz de sacerdotisa y de princesa. Yo, después de haberla contemplado intensamente, me incliné. ¡Viejas artes de enamorar, aprendidas en el viejo Ovidio! La Niña Chole prosiguió:

—En este mero instante acabo de saber que junta usted una escolta para ponerse en viaje. Si hiciésemos la misma jornada podríamos reunir la gente. Yo voy a Necoxtla.

Haciendo una cortesía versallesca y suspirando, respondí:

—Necoxtla está seguramente en mi camino.

La Niña Chole interrogó curiosa:

—¿Va usted muy lejos? ¿Acaso a Nueva Sigüenza?

—Voy a los llanos de Tixul, que ignoro dónde están. Una herencia del tiempo de los virreyes, entre Grijalba y Tlacotalpan.

La Niña Chole me miró con sorpresa:

—¿Qué dice, señor? Es diferente nuestra ruta. Grijalba está en la costa, y hubiérale sido mejor continuar embarcado.

Me incliné de nuevo con rendimiento:

—Necoxtla está en mi camino.

Ella sonrió desdeñosa:

—Pero no reuniremos nuestras gentes.

—¿Por qué?

—Porque no debe ser. Le ruego, señor, que siga su camino. Yo seguiré el mío.

—Es uno mismo el de los dos. Tengo el propósito de secuestrarla a usted apenas nos hallemos en despoblado.

Los ojos de la Niña Chole, tan esquivos antes, se cubrieron con una amable claridad:

—Diga ¿son locos todos los españoles?

Yo repuse con arrogancia:

—Los españoles nos dividimos en dos grandes bandos: Uno, el Marqués de Bradomín, y en el otro, todos los demás.

La Niña Chole me miró risueña:

—¡Cuánta jactancia, señor!

En aquel momento el caballerango vino a decirle que habían ensillado y que la gente estaba dispuesta a ponerse en camino si tal era su voluntad. Al oírle, la Niña Chole me miró intensamente seria y muda. Después volviéndose al criado, le interrogó:

—¿Qué caballo me habéis dispuesto?

—Aquel alazano, Niña. Véalo allí.

—¿El alazano rodado?

—¡Qué va, Niña! El otro alazano del belfo blanco que bebe en el agua. Vea qué linda estampa. Tiene un paso que se traga los caminos, y la boca una seda. Lleva sobre el borrén la cantarilla de una ranchera, y galopando no la derrama.

—¿Dónde haremos parada?

—En el convento de San Juan de Tegusco.

—¿Llegaremos de noche?

—Llegaremos al levantarse la luna.

—Pues advierte a la gente de montar luego, luego.

El caballerango obedeció. La Niña Chole me pareció que apenas podía disimular una sonrisa:

—Señor, mal se verá para seguirme, porque parto en el mero instante.

—Yo también.

—¿Pero acaso tiene dispuesta su gente?

—Como yo esté dispuesto, basta.

—Vea que camino a reunirme con mi marido y no quiera balearse con él. Pregunte y le dirán quién es el General Diego Bermúdez.

Oyéndola sonreí desdeñosamente. Tornaba en esto el caballerango, y quedóse a distancia esperando silencioso y humilde. La Niña Chole le llamó:

—Llega, cálzame la espuela.

Ya obedecía, cuando yo arranqué de sus manos el espolín de plata e hinqué la rodilla ante la Niña Chole, que sonriendo me mostró su lindo pie prisionero en chapín de seda. Con las manos trémulas le calcé el espolín. Mi noble amigo Barbey D'Aurevilly hubiera dicho de aquel pie que era hecho para pisar un zócalo de Pharos. Yo no dije nada, pero lo besé con tan apasionado rendimiento, que la Niña Chole exclamó risueña:

—Señor deténgase en los umbrales.

Y dejó caer la falda, que con dedos de ninfa sostenía levemente alzada. Seguida de sus azafatas cruzó como una reina ofendida el anchuroso patio sombreado por toldos de lona, que bajo la luz adquirían tenue tinte dorado de marinas velas. Los cínifes zumbaban en torno de un surtidor que gallardeaba al sol su airón de plata, y llovía en menudas irisadas gotas sobre el tazón de alabastro. En medio de aquel ambiente encendido, bajo aquel cielo azul donde la palmera abre su rumoroso parasol, la fresca música del agua me recordaba de un modo sensacional y remoto las fatigas del desierto y el delicioso sestear en los oasis. De tiempo en tiempo un jinete entraba en el patio: Los mercenarios que debían darnos escolta a través de los arenales de Tierra Caliente empezaban a juntarse. Pronto estuvieron reunidas las dos huestes: Una y otra se componían de gente marcial y silenciosa: Antiguos salteadores que fatigados de la vida aventurera, y despechados del botín incierto, preferían servir a quien mejor les pagaba, sin que ninguna empresa les arredrase: Su lealtad era legendaria. Ya estaba ensillado mi caballo con las pistolas en el arzón, y a la grupa las vistosas y moriscas alforjas donde iba el viático para la jornada, cuando la Niña Chole reapareció en el patio. Al verla me acerqué sonriendo, y ella, fingiéndose enojada, batió el suelo con su lindo pie.

Montamos, y en tropel atravesamos la ciudad. Ya fuera de sus puertas hicimos un alto para contarnos. Después dio comienzo la jornada fatigosa y larga. Aquí y allá, en el fondo de las dunas y en la falda de arenosas colinas, se alzaban algunos jacales que, entre vallados de enormes cactus, asomaban sus agudas techumbres de cáñamo gris medio podrido. Mujeres de tez cobriza y mirar dulce salían a los umbrales, e indiferentes y silenciosas nos veían pasar. La actitud de aquellas figuras broncíneas revelaba esa tristeza transmitida, vetusta, de las razas vencidas. Su rostro era humilde, con dientes muy blancos y grandes ojos negros, selváticos, indolentes y velados. Parecían nacidas para vivir eternamente en los aduares y descansar al pie de las palmeras y de los ahuehuetles.

Ya puesto el sol divisamos una aldea india. Estaba todavía muy lejana y se aparecía envuelta en luz azulada y en silencio de paz. Rebaños polvorientos y dispersos adelantaban por un camino de tierra roja abierto entre maizales gigantes. El campanario de la iglesia, con su enorme nido de zopilotes, descollaba sobre las techumbres de palma. Aquella aldea silenciosa y humilde, dormida en el fondo de un valle, me hizo recordar las remotas aldeas abandonadas al acercarse los aventureros españoles. Ya estaban cerradas todas las puertas y subía de los hogares un humo tenue y blanco que se disipaba en la claridad del crepúsculo como salutación patriarcal. Nos detuvimos a la entrada y pedimos hospedaje en un antiguo priorato de Comendadoras Santiaguistas. A los golpes que un espolique descargó en la puerta, una cabeza con tocas asomó en la reja y hubo largo coloquio. Nosotros, aún bastante lejos, íbamos al paso de nuestros caballos, abandonadas las riendas y distraídos en plática galante. Cuando llegamos, la monja se retiraba de la reja. Poco después las pesadas puertas de

cedro se abrían lentamente, y una monja donada, toda
blanca en su hábito, apareció en el umbral:

—Pasen, hermanos, si quieren reposar en esta santa
casa.

Nunca las Comendadoras Santiaguistas negaban hos-
pitalidad: A todo caminante que la demandase debía serle
concedida: Así estaba dispuesto por los estatutos de la
fundadora Doña Beatriz de Zayas, favorita y dama de un
virrey. El escudo nobiliario de la fundadora todavía cam-
peaba sobre el arco de la puerta. La hermana donada nos
guió a través de un claustro sombreado por oscuros na-
ranjos. Allí era el cementerio de las Comendadoras. Sobre
los sepulcros, donde quedaban borrosos epitafios, nuestros
pasos resonaron. Una fuente lloraba monótona y triste.
Empezaba la noche, y las moscas de luz danzaban entre el
negro follaje de los naranjos. Cruzamos el claustro y nos
detuvimos ante una puerta forrada de cuero y claveteada
de bronce. La hermana abrió. El manojo de llaves que
colgaba de su cintura produjo un largo son y quedó me-
ciéndose. La donada cruzó las manos sobre el escapulario,
y pegándose al muro nos dejó paso al mismo tiempo que
murmuraba gangosa:

—Ésta es la hospedería, hermanos.

Era la hospedería una estancia fresca, con ventanas de
mohosa y labrada reja, que caían sobre el jardín. En uno
de los testeros campeaba el retrato de la fundadora, que
ostentaba larga leyenda al pie, y en el otro un altar con
paños de cándido lino. La mortecina claridad apenas de-
jaba entrever los cuadros de un Vía-Crucis que se desen-
volvía en torno del muro. La hermana donada llegó sigilosa
a demandarme qué camino hacía y cuál era mi nombre. Yo,
en voz queda y devota, como ella me había interrogado,
respondí:

—Soy el Marqués de Bradomín, hermana, y mi ruta
acaba en esta santa casa.

La donada murmuró con tímida curiosidad:

—Si desea ver a la Madre Abadesa, le llevaré recado.
Siempre tendrá que tener un poco de paciencia, pues ahora

la Madre Abadesa se halla platicando con el Señor Obispo de Colima, que llegó antier.

—Tendré paciencia, hermana. Veré a la Madre Abadesa cuando sea ocasión.

—¿Su Merced la conoce ya?

—No, hermana. Llego a esta santa casa para cumplir un voto.

En aquel momento se acercaba la Niña Chole, y la monja, mirándola complacida, murmuró:

—¿La Señora mi Marquesa también?

La Niña Chole cambió conmigo una mirada burlona que me pareció de alegres desposorios. Los dos respondimos a un tiempo:

—También, hermana, también.

—Pues ahora mismo prevengo a la Madre Abadesa. Tendrá mucho contento cuando sepa que han llegado personas de tanto linaje: Ella también es muy española.

Y la hermana donada, haciendo una profunda reverencia, se alejó moviendo leve rumor de hábitos y de sandalias. Tras ella salieron los criados, y la Niña Chole quedó sola conmigo. Yo besé su mano, y ella, con una sonrisa de extraña crueldad, murmuró:

—¡Téngase por muerto como recele algo de esta burla el General Diego Bermúdez!

La Niña Chole llegó ante el altar, y cubriéndose la cabeza con el rebocillo, se arrodilló. Sus siervos, agrupados en la puerta de la hospedería, la imitaron, santiguándose en medio de un piadoso murmullo. La Niña Chole alzó la voz, rezando en acción de gracias por nuestra venturosa jornada. Los siervos respondían a coro. Yo, como caballero santiaguista, recé mis oraciones dispensado de arrodillarme por el fuero que tenemos de canónigos agustinos.

Entraron primero dos legas, que traían una gran bandeja de plata cargada de refrescos y confituras, y luego entró la Madre Abadesa, flotante el blanco hábito, que ostentaba la roja cruz de Santiago. Detúvose en la puerta, y con leve sonrisa, al par amable y soberana, saludó en latín:

—¡Deo gratias!

Nosotros respondimos en romance:

—¡A Dios sean dadas!

La Madre Abadesa tenía hermoso aspecto de infanzona. Era blanca y rubia, de buen donaire y de gran cortesanía. Sus palabras de bienvenida fueron éstas:

—Yo también soy española, nacida en Viana del Prior. Cuando niña he conocido a un caballero muy anciano que llevaba el título de Marqués de Bradomín. ¡Era un santo!

Yo repuse sin orgullo:

—Además de un santo, era mi abuelo.

La Madre Abadesa sonrió benévola, y después suspiró:

—¿Habrá muerto hace muchos años?

—¡Muchos!

—Dios le tenga en Gloria. Le recuerdo muy bien. Tenía corrido mucho mundo, y hasta creo que había estado aquí, en México.

—Aquí hizo la guerra cuando la sublevación del cura Hidalgo.

—¡Es verdad!... ¡Es verdad! Aunque muy niña, me acuerdo de haberle oído contar... Era gran amigo de mi casa. Yo pertenezco a los Andrades de Cela.

—¡Los Andrades de Cela! ¡Un antiguo mayorazgo!

—Desapareció a la muerte de mi padre. ¡Qué destino el de las nobles casas, y qué tiempos tan ingratos los nuestros! En todas partes gobiernan los enemigos de la religión y de las tradiciones, aquí lo mismo que en España.

La Madre Abadesa suspiró levantando los ojos y cruzando las manos: Así terminó su plática conmigo. Después

acercóse a la Niña Chole con la sonrisa amable y soberana
de una hija de reyes retirada a la vida contemplativa:

—¿Sin duda la Marquesa es mexicana?

La Niña Chole inclinó los ojos poniéndose encendida:

—Sí, Madre Abadesa.

—¿Pero de origen español?

—Sí, Madre Abadesa.

Como la Niña Chole vacilaba al responder, y sus meji-
llas se teñían de rosa, yo intervine ayudándola galante. En
honor suyo inventé toda una leyenda de amor, caballeresca
y romántica, como aquellas que entonces se escribían. La
Madre Abadesa conmovióse tanto, que durante mi relato
vi temblar en sus pestañas dos lágrimas grandes y crista-
linas. Yo, de tiempo en tiempo, miraba a la Niña Chole y
esperaba cambiar con ella una sonrisa, pero mis ojos nunca
hallaban los suyos. Escuchaba inmóvil, con rara ansiedad.
Yo mismo me maravillaba al ver cómo fluía de mis labios
aquel enredo de comedia antigua. Estuve tan inspirado, que
de pronto la Niña Chole sepultó el rostro entre las manos,
sollozando con amargo duelo. La Madre Abadesa, muy
conmovida, le oreó la frente dándole aire con el santo es-
capulario de su hábito, mientras yo, a viva fuerza, le tenía
sujetas las manos. Poco a poco tranquilizóse, y la Madre
Abadesa nos llevó al jardín, para que respirando la brisa
nocturna, acabase de serenarse la Marquesa. Allí nos dejó
solos, porque tenía que asistir al coro para rezar los mai-
tines.

El jardín estaba amurallado como una ciudadela. Era
vasto y sombrío, lleno de susurros y de aromas. Los árboles
de las avenidas juntaban tan estrechamente sus ramas, que
sólo con grandes espacios veíamos algunos follajes ar-
gentados por la luna. Caminamos en silencio. La Marquesa
suspirante, yo pensativo, sin acertar a consolarla. Entre los
árboles divisamos un paraje raso con oscuros arrayanes
bordados por blancas y tortuosas sendas: La luna derra-
maba sobre ellas su luz lejana e ideal como un milagro. La
Marquesa se detuvo. Dos legas estaban sentadas al pie de
una fuente rodeada de laureles enanos, que tienen la virtud

de alejar el rayo. No se sabía si las dos legas rezaban o se decían secretos del convento, porque el murmullo de sus voces se confundía con el murmullo del agua. Estaban llenando sus ánforas. Al acercarnos saludaron cristianamente:

—¡Ave María Purísima!

—¡Sin pecado concebida!

La Niña Chole quiso beber de la fuente, y ellas se lo impidieron con grandes aspavientos:

—¿Qué hace, Niña?

Se detuvo un poco inmutada:

—¿Es venenosa esta agua?

—Santígüese, no más. Es agua bendita, y solamente la Comunidad tiene bula para beberla. Bula del Santo Padre, venida de Roma. ¡Es agua santa del Niño Jesús!

Y las dos legas, hablando a coro, señalaban al angelote desnudo, que enredador y tronera vertía el agua en el tazón de alabastro por su menuda y cándida virilidad.

Nos dijeron que era el Niño Jesús. Oyendo esto la Niña Chole santiguóse devotamente. Yo aseguré a las legas que la Marquesa de Bradomín también tenía bula para beber las aguas del Niño Jesús. Ellas la miraron mostrando gran respeto, y disputáronse ofrecerle sus ánforas, pero yo les aseguré que la Niña Marquesa prefería saciar la sed aplicando los labios al santo surtidor de donde el agua manaba. La Niña Chole se acercó con el rebocillo caído a los hombros y estando bebiendo le acometió tal tentación de risa, que por poco se ahoga. Al retirarse me manifestó en voz baja el escrúpulo de haber cometido un sacrilegio.

Después de los maitines vino a buscarnos una monja y nos condujo al refectorio, donde estaba dispuesta la colación. Hablaba con las manos juntas: Era vieja y gangosa. Nosotros la seguimos, pero al pisar los umbrales del convento la Niña Chole se detuvo vacilante:

—Hermana, yo guardo el día ayunando, y no puedo entrar en el refectorio para hacer colación.

Al mismo tiempo sus ojos de reina india imploraban mi ayuda: Se la otorgué liberal. Comprendí que la Niña Chole temía ser conocida de algún caminante, pues todos los que llegaban al convento se reunían a son de campana para hacer colación. La monja, edificada por aquel ayuno, interrogó solícita:

—¿Qué desea mi señora?

—Retirarme a descansar, hermana.

—Pues cuando le plazca, mi señora. ¿Sin duda traen muy larga jornada?

—Desde Veracruz.

—Cierto que sentirá grande fatiga la pobrecita.

Hablando de esta suerte nos hizo cruzar un largo corredor. Por las ventanas entraba la luz blanca de la luna. En aquella santa paz el acompasado son de mis espuelas despertaba un eco sacrílego y marcial. Como amedrentadas por él, la monja y la Marquesa caminaban ante mí con leve y devoto rumor. La monja abrió una puerta de antigua tracería, y apartándose a un lado murmuró:

—Pase mi señora. Yo nada me retardo. Guío al Señor Marqués al refectorio y torno a servirla luego, luego.

La Marquesa entró sin mirarme. La monja cerró la puerta y alejóse como una sombra llamándome con vago ademán. Guíome hasta el refectorio y saludando más gangosa que nunca, se alejó. Entré, y cuando mis ojos buscaban un sitial vacío en torno de la mesa, alzóse el capellán del convento y vino a decirme con gran cortesanía que mi puesto estaba a la cabecera. El capellán era un fraile dominico, humanista y poeta, que había vivido muchos años desterrado de México por el Arzobispo, y privado de licencias para confesar y decir misa. Todo ello por una falsa delación. Esta historia me la contaba en tanto me servía el plato. Al terminar me habló así:

—Ya sabe el Señor Marqués de Bradomín la vida y milagros de Fray Lope Castellar. Si necesita un capellán para su casa, créame que con sumo gusto dejaré a estas santas señoras. Aun cuando sea para cruzar los mares, mi Señor Marqués.

—Ya tengo capellanes en España.

—Perdone entonces. Pues para servirle aquí, en este México de mis pecados, donde en un santiamén dejan sin vida a un cristiano. Créame, quien pueda pagarse un capellán, debe hacerlo, aun cuando sólo sea para tener a mano quien le absuelva en trance de muerte.

Había terminado la colación, y entre el sordo y largo rumor producido por los sitiales, todos nos pusimos en pie para rezar una oración de gracias compuesta por la piadosa fundadora Doña Beatriz de Zayas. Las legas comenzaron a levantar los manteles, y la Madre Abadesa entró sonriendo benévolamente:

—¿El Señor Marqués prefiere que se disponga otra celda para su descanso?

El rubor que asomó en las mejillas de la Madre Abadesa me hizo comprender, y sin dominar una sonrisa respondí:

—Haré compañía a la Marquesa, que es muy medrosa, si lo consienten los estatutos de esta santa casa.

La Madre Abadesa me interrumpió:

—Los estatutos de esta santa casa no pueden ir en contra de la Religión.

Sentí un vago sobresalto. La Madre Abadesa inclinó los ojos, y permaneciendo con ellos bajos, dijo pausada y doctoral:

—Para Nuestro Señor Jesucristo merecen igual amor las criaturas que junta con santo lazo su voluntad, que aquellas apartadas de la vida mundana, también por su Gracia... Yo no soy como el fariseo que se creía mejor que los demás, Señor Marqués.

La Madre Abadesa, con su hábito blanco, estaba muy bella, y como me parecía una gran dama, capaz de comprender la vida y el amor, sentí la tentación de pedirle que me acogiese en su celda, pero fue sólo la tentación. Acercóse con una lámpara encendida aquella monja vieja y gangosa que me había acompañado al refectorio, y la Madre Abadesa, después de haberle encomendado que me guiase, se despidió. Confieso que sentí una vaga tristeza viéndola alejarse por el corredor, flotante el noble hábito que blanqueaba en las tinieblas. Volviéndome a la monja, que esperaba inmóvil con la lámpara, le pregunté:

—¿Debe besársele la mano a la Madre Abadesa?

La monja, echándose la toca sobre la frente, respondió:

—Aquí solamente se la besamos al Señor Obispo, cuando se digna visitarnos.

Y con leve rumor de sandalias comenzó a caminar delante de mí, alumbrándome hasta la puerta de la celda nupcial: Una celda espaciosa y perfumada de albahaca, con una reja abierta sobre el jardín, donde el argentado azul de la noche tropical destacaba negras y confusas las copas de los cedros. El canto igual y monótono de un grillo rompía el silencio. Yo cerré la puerta de la celda con llaves y cerrojos y, andando sin ruido, fui a entreabrir el blanco mosquitero con que se velaba, pudoroso y monjil, el único lecho que había en la estancia.

La Niña Chole reposaba con sueño cándido y feliz: En sus labios aún vagaba dormido un rezo. Yo me incliné para besarlos: Era mi primer beso de esposo. La Niña Chole se despertó sofocando un grito:

—¿Qué hace usted aquí, señor?

Yo repuse entre galante y paternal:

—Reina y señora, velar tu sueño.

La Niña Chole no acertaba a comprender cómo yo podía hallarme en su celda, y tuve que recordarle mis derechos conyugales, reconocidos por la Madre Abadesa. Ante aquel gentil recuerdo se mostró llena de enojo. Clavándome los ojos repetía:

—¡Oh!... ¡Qué terrrible venganza tomará el General Diego Bermúdez!...

Y ciega de cólera porque al oírla sonreí, me puso en la faz sus manos de princesa india, manos cubiertas de anillos, enanas y morenas, que yo hice prisioneras. Sin dejar de mirarla, se las oprimí hasta que lanzó un grito, y después, dominando mi despecho, se las besé. Ella, sollozante, dejóse caer sobre las almohadas: Yo, sin intentar consolarla me alejé. Sentía un fiero desdeño lleno de injurias altaneras, y para disimular el temblor de mis labios, que debían estar lívidos, sonreía. Largo tiempo permanecí apoyado en la reja contemplando el jardín susurrante y oscuro. El grillo cantaba, y era su canto un ritmo remoto y primitivo. De tarde en tarde llegaba hasta mí algún sollozo de la Niña Chole, tan apagado y tenue, que el corazón siempre dispuesto a perdonar, se conmovía. De pronto, en el silencio de la noche, una campana del convento comenzó a doblar. La Niña Chole me llamó temblorosa:

—¿Señor, no conoce la señal de agonía?

Y al mismo tiempo se santiguó devotamente. Sin despegar los labios me acerqué a su lecho, y quedé mirándola grave y triste. Ella, con la voz asustada, murmuró:

—¡Alguien se halla en trance de muerte!

Yo entonces, tomando sus manos entre las mías, le dije amorosamente:

—¡Acaso sea yo!...

—¿Cómo, señor?

—Estará a las puertas del convento el General Diego Bermúdez.

—¡No!... ¡No!...

Y oprimiéndome las manos, comenzó a llorar. Yo quise enjugar sus lágrimas con mis labios, y ella, echando la cabeza sobre las almohadas, suplicó:

—¡Por favor!... ¡Por favor!...

Velada y queda desfallecía su voz. Quedó mirándome, temblorosos los párpados y entreabierta la rosa de su boca. La campana seguía sonando lenta y triste. En el jardín susurraban los follajes, y la brisa, que hacía flamear el blanco y rizado mosquitero, nos traía aromas. Cesó el toque de agonía, y juzgando propicio el instante, besé a la Niña Chole. Ella parecía consentir, cuando de pronto, en medio del silencio, la campana dobló a muerto. La Niña Chole dio un grito y se estrechó a mi pecho: Palpitante de miedo, se refugiaba en mis brazos. Mis manos, distraídas y doctorales, comenzaron a desflorar sus senos. Ella, suspirando, entornó los ojos, y celebramos nuestras bodas con siete copiosos sacrificios que ofrecimos a los dioses como el triunfo de la vida.

Comenzaban los pájaros a cantar en los árboles del jardín saludando al sol, cuando nosotros, ya dispuestos para la jornada de aquel día, nos asomamos a la reja. Las albahacas, húmedas de rocío, daban una fragancia intensa, casi desusada, que tenía como una evocación de serrallo morisco y de verbenas. La Niña Chole reclinó sobre mi hombro la cabeza, suspiró débilmente, y sus ojos, sus hermosos ojos de mirar hipnótico y sagrado, me acariciaron románticos. Yo entonces le dije:

—¿Niña, estás triste?

—Estoy triste porque debemos separarnos. La más leve sospecha nos podría costar la vida.

Pasé amorosamente mis dedos entre la seda de sus cabellos, y respondí con arrogancia:

—No temas: Yo sabré imponer silencio a tus criados.

—Son indios, señor... Aquí prometerían de rodillas, y allá, apenas su amo les mirase con los ojos fieros, todo se lo dirían... ¡Debemos darnos un adiós!

Yo besé sus manos apasionado y rendido:

—¡Niña, no digas eso!... Volveremos a Veracruz. *La Dalila* quizá permanezca en el puerto: Nos embarcaremos para Grijalba. Iremos a escondernos en mi hacienda de Tixul.

La Niña Chole me acarició con una mirada larga, indefinible. Aquellos ojos de reina india eran lánguidos y brillantes: Me pareció que a la vez reprochaban y consentían. Cruzó el rebocillo sobre el pecho y murmuró poniéndose encendida:

—¡Mi historia es muy triste!

Y para que no pudiese quedarme duda, asomaron dos lágrimas en sus ojos. Yo creí adivinar, y le dije con generosa galantería:

—No intentes contármela: Las historias tristes me recuerdan la mía.

Ella sollozó:

—Hay en mi vida algo imperdonable.

—Los hombres como yo todo lo perdonan.

Al oírme escondió el rostro entre las manos:

—He cometido el más abominable de los pecados: Un pecado del que sólo puede absolverme Nuestro Santo Padre.

Viéndola tan afligida, acaricié su cabeza reclinándola sobre mi pecho, y le dije:

—Niña, cuenta con mi valimiento en el Vaticano. Yo he sido capitán de la Guardia Noble. Si quieres iremos a Roma en peregrinación, y nos echaremos a los pies de Gregorio XVI.

—Iré yo sola... Mi pecado es mío nada más.

—Por amor y por galantería, yo debo cometer uno igual... ¡Acaso ya lo habré cometido!

La Niña Chole levantó hacia mí los ojos llenos de lágrimas, y suplicó:

—No digas eso... ¡Es imposible!

Sonreí incrédulamente, y ella, arrancándose de mis brazos, huyó al fondo de la celda. Desde allí, clavándome una mirada fiera y llorosa, gritó:

—Si fuese verdad, te aborrecería... Yo era una pobre criatura inocente cuando fui víctima de aquel amor maldito.

Volvió a cubrirse el rostro con las manos, y en el mismo instante yo adiviné su pecado. Era el magnífico pecado de las tragedias antiguas. La Niña Chole estaba maldita como Mirra y como Salomé. Acerquéme lleno de indulgencia, le descubrí la cara húmeda de llanto, y puse en sus labios un beso de noble perdón. Después, en voz baja y dulce, le dije:

—Todo lo sé. El General Diego Bermúdez es tu padre.

Ella gimió con rabia:

—¡Ojalá no lo fuese! Cuando vino de la emigración yo tenía doce años y apenas le recordaba...

—No le recuerdes ahora tampoco.

La Niña Chole, conmovida de gratitud y de amor, ocultó la cabeza en mi hombro:

—¡Eres muy generoso!

Mis labios temblaron ardientes sobre su oreja fresca, nacarada y suave como concha de perlas:

—Niña, volveremos a Veracruz.

—No...

—¿Acaso temes mi abandono? ¿No comprendes que soy tu esclavo para toda la vida?

—¡Toda la vida!... Sería tan corta la de los dos...

—¿Por qué?

—Porque nos mataría... ¡Lo ha jurado!...

—Todo será que no cumpla el juramento.

—Lo cumpliría.

Y ahogada por los sollozos se enlazó a mi cuello. Sus ojos, llenos de lágrimas, quedaron fijos en los míos como queriendo leer en ellos. Yo, fingiéndome deslumbrado por aquella mirada, los cerré. Ella suspiró:

—¿Quieres llevarme contigo sin saber toda mi historia?

—Ya la sé.

—No.

—Tú me contarás lo que falta cuando dejemos de querernos, si llega ese día.

—Todo, todo debes saberlo ahora, aun cuando estoy segura de tu desprecio... Eres el único hombre a quien he querido, te lo juro, el único... Y, sin embargo, por huir de mi padre, he tenido un amante que murió asesinado.

Calló sollozante. Yo, tembloroso de pasión, la besé en los ojos y la besé en los labios. ¡Aquellos labios sangrientos, aquellos ojos sombríos tan bellos como su historia!

Las campanas del convento tocaron a misa, y la Niña Chole quiso oírla antes de comenzar la jornada. Fue una larga misa de difuntos. Ofició Fray Lope Castellar, y en descargo de mis pecados, yo serví de acólito. Las Comendadoras cantaban en el coro los Salmos Penitenciales, y sus figuras blancas y veladas, arrastrando los luengos hábitos, iban y venían en torno del facistol que sostenía abierto el misal de rojas capitulares. En el fondo de la iglesia, sobre negro paño rodeado de cirios, estaba el féretro de una monja. Tenía las manos en cruz, y envuelto a los dedos amoratados el rosario. Un pañuelo blanco le sujetaba la barbeta y mantenía cerrada la boca, que se sumía como una boca sin dientes: Los párpados permanecían entreabiertos, rígidos, azulencos: Las sienes parecían prolongarse inmensamente bajo la toca. Estaba amortajada en su hábito, y la fimbria se doblaba sobre los pies descalzos, amarillos como la cera...

Al terminarse los responsos, cuando Fray Lope Castellar se volvía para bendecir a los fieles, alzáronse en tropel algunos mercenarios de mi escolta, apostados en la puerta durante la misa, y como gerifaltes cayeron sobre el presbiterio, aprisionando a un mancebo arrodillado, que se revolvió bravamente al sentir sobre sus hombros tantas manos, y luchó encorvado y rugiente, hasta que vencido por el número, cayó sobre las gradas. Las monjas, dando alaridos, huyeron del coro. Fray Lope Castellar adelantóse estrechando el cáliz sobre el pecho:

—¿Qué hacéis, mal nacidos?

Y el mancebo, que jadeaba derribado en tierra, gritó:

—¡Fray Lope!... ¡No se vende así al amigo!

—¡Ni tal sospeches, Guzmán!

Y entonces aquel hombre hizo como el jabalí herido y acosado que se sacude los alanos: De pronto le vi erguido en pie, revolverse entre el tropel que le sujetaba, libertar, los brazos y atravesar la iglesia corriendo. Llegó a la puerta, y encontrándola cerrada, se volvió con denuedo. De un golpe arrancó la cadena que servía para tocar las campanas, y armado con ella hizo defensa. Yo, admirando como se merecía tanto valor y tanto brío, saqué las pistolas y me puse de su lado:

—¡Alto ahí!...

Los hombres de la escolta quedaron indecisos, y en aquel momento, Fray Lope, que permanecía en el presbiterio, abrió la puerta de la sacristía, que rechinó largamente. El mancebo, haciendo con la cadena un terrible molinete, pasó sobre el féretro de la monja, rompió la hilera de cirios y ganó aquella salida. Los otros le persiguieron dando gritos, pero la puerta se cerró de golpe ante ellos, y volviéronse contra mí, alzando los brazos con amenazador despecho. Yo, apoyado en la reja del coro, dejé que se acercasen, y disparé mis dos pistolas. Abrióse el grupo repentinamente silencioso, y cayeron dos hombres. La Niña Chole se levantó trágica y bella.

—¡Quietos!... ¡Quietos!...

Aquellos mercenarios no la oyeron. Con encarnizado vocerío viniéronse para mí, amenazándome con sus pistolas. Una lluvia de balas se aplastó en la reja del coro. Yo, milagrosamente ileso, puse mano al machete:

—¡Atrás!... ¡Atrás, canalla!

La Niña Chole se interpuso, gritando con angustia:

—¡Si respetáis su vida, he de daros harta plata!

Un viejo que a guisa de capitán estaba delante, volvió hacia ella los ojos fieros y encendidos. Sus barbas chivas temblaban de cólera:

—Niña, la cabeza de Juan Guzmán está pregonada.

—Ya lo sé.

—Si le hubiésemos entregado vivo, tendríamos cien onzas.

—Las tendréis.

Hubo otra ráfaga de voces violentas y apasionadas. El viejo mercenario alzó los brazos imponiendo silencio:

—¡Dejad a la gente que platique!

Y con la barba siempre temblona, volvióse a nosotros:

—¿Los compañeros ahí tendidos como perros, no valen ninguna cosa?

La Niña Chole murmuró con afán:

—¡Sí!... ¿Qué quieres?

—Eso ha de tratarse con despacio.

—Bueno...

—Es menester otra prenda que la palabra.

La Niña Chole arrancóse los anillos, que parecían dar un aspecto sagrado a sus manos de princesa, y llena de altivez se los arrojó:

—Repartid eso y dejadnos.

Entre aquellos hombres hubo un murmullo de indecisión, y lentamente se alejaron por la nave de la iglesia. En el presbiterio detuviéronse a deliberar. La Niña Chole apoyó sus manos sobre mis hombros y me miró en el fondo de los ojos:

—¡Oh!... ¡Qué español tan loco! ¡Un león en pie!...

Respondí con una vaga sonrisa. Yo experimentaba la más violenta angustia en presencia de aquellos dos hombres caídos en medio de la iglesia, el uno sobre el otro. Lentamente se iba formando en torno de ellos un gran charco de sangre que corría por las junturas de las losas. Sentíase el borboteo de las heridas y el estertor del que estaba caído debajo. De tiempo en tiempo se agitaba y movía una mano lívida, con estremecimientos nerviosos.

Fray Lope Castellar nos esperaba en la sacristía leyendo el breviario. Sobre labrado arcón estaban las vestiduras plegadas con piadoso esmero. La sacristía era triste, con una ventana alta y enrejada oscurecida por las ramas de un cedro. Fray Lope, al vernos llegar, alzóse del escaño:

—¡Muertos les he creído! ¡Ha sido un milagro!... Siéntense: Es menester que esta dama cobre ánimos. Van a probar el vino con que celebra la misa Su Ilustrísima, cuando se digna visitarnos. Un vino de España. ¡Famoso, famoso!... Ya lo dice el adagio indiano: Vino, mujer y bretaña, de España.

Hablando de esta suerte, acercóse a una grande y lustrosa alacena, y la abrió de par en par. Sacó de lo más hondo un pegajoso cangilón, y lo olió con regalo:

—Ahora verán qué néctar. Este humilde fraile celebra su misa con un licor menos delicado. Sin embargo, todo es sangre de Nuestro Señor Jesucristo.

Llenó con mano temblona un vaso de plata, y presentóselo a la Niña Chole, que lo recibió en silencio, y, en silencio también, me lo pasó a mí. Fray Lope, en aquel momento, colmaba otro vaso igual:

—¡Qué hace mi señora! Si el noble Marqués tiene aquí...

La Niña Chole sonrió con languidez.

—¡Le acompaña usted, Fray Lope!

Fray Lope rió sonoramente: Sentóse sobre el arcón y dejó el vaso a su lado:

—El noble Marqués me permitirá una pregunta: ¿De qué conoce a Juan de Guzmán?

—¡No le conozco!...

—¿Y cómo le defendió tan bravamente?

—Una fantasía que me vino en aquel momento.

Fray Lope movió la tonsurada cabeza, y apuró un sorbo del vaso que tenía a su diestra.

—¡Una fantasía! ¡Una fantasía!... Juan de Guzmán es mi amigo, y, sin embargo, yo jamás hubiera osado tanto.

La Niña Chole murmuró con altivo desdén:

—No todos los hombres son iguales...

Yo, agradecido al buen vino que Fray Lope me escanciaba, interviene cortesano:

—¡Más valor hace falta para cantar misa!

Fray Lope me miró con ojos burlones:

—Eso no se llama valor. Es la Gracia...

Hablando así, alzamos los vasos y a un tiempo les dimos fin. Fray Lope tornó a llenarlos:

—¿Y el noble Marqués hasta ignorará quién es Juan de Guzmán?

—Ayer, cuando juntaba mi escolta en Veracruz, oí por primera vez su nombre... Creo que es un famoso capitán de bandidos.

—¡Famoso! Tiene la cabeza pregonada.

—¿Conseguirá ponerse en salvo?

Fray Lope juntó las manos y entornó los párpados gravemente:

—¡Y quién sabe, mi señor!...

—¿Cómo se arriesgó a entrar en la iglesia?

—Es muy piadoso... Además tiene por madrina a la Madre Abadesa.

En aquel momento alzóse la tapa del arcón, y un hombre que allí estaba oculto asomó la cabeza. Era Juan de Guzmán. Fray Lope corrió a la puerta y echó los cerrojos. Juan de Guzmán saltó en medio de la sacristía, y con los ojos húmedos y brillantes quiso besarme las manos. Yo le tendí los brazos. Fray Lope volvió a nuestro lado, y con la voz temblorosa y colérica murmuró:

—¡Quien ama el peligro perece en él!

Juan de Guzmán sonrió desdeñosamente:

—¡Todos hemos de morir, Fray Lope!...

—Bajen siquiera la voz.

Avizorado miraba alternativamente a la puerta y a la gran reja de la sacristía. Seguimos su prudente consejo, y mientras nosotros platicábamos retirados en un extremo de la sacristía, en el otro rezaba medrosamente la Niña Chole.

Como había dicho Fray Lope, la cabeza del famoso plateado, magnífica cabeza de aventurero español, estaba pregonada. Juan de Guzmán en el siglo XVI hubiera conquistado su Real Ejecutoria de Hidalguía peleando bajo las banderas de Hernán Cortés. Acaso entonces nos dejase una hermosa memoria aquel capitán de bandoleros con aliento caballeresco, porque parecía nacido para ilustrar su nombre en las Indias saqueando ciudades, violando princesas y esclavizando emperadores. Viejo y cansado, cubierto de cicatrices y de gloria, tornaríase a su tierra llevando en buenas doblas de oro el botín conquistado acaso en Otumba, acaso en Mangoré. ¡Las batallas gloriosas de alto y sonoro nombre! Levantaría una torre, fundaría un mayorazgo con licencia del Señor Rey, y al morir tendría noble enterramiento en la iglesia de algún monasterio. La piedra de armas y un largo epitafio, recordarían las hazañas del caballero, y muchos años después, su estatua de piedra, dormida bajo el arco sepulcral, aún serviría a las madres para asustar a sus hijos pequeños.

Yo confieso mi admiración por aquella noble abadesa que había sabido ser su madrina sin dejar de ser una santa. A mí seguramente hubiérame tentado el diablo, porque el capitán de los plateados tenía el gesto dominador y galán con que aparecen en los retratos antiguos los capitanes del Renacimiento: Era hermoso como un bastardo de César Borgia. Cuentan que, al igual de aquel príncipe, mató siempre sin saña, con frialdad, como matan los hombres que desprecian la vida, y que, sin duda por eso, no miran como un crimen dar la muerte. Sus sangrientas hazañas son las hazañas que en otro tiempo hicieron florecer las epopeyas. Hoy sólo de tarde en tarde alcanzan tan alta soberanía, porque las almas son cada vez menos ardientes, menos impetuosas, menos fuertes. ¡Es triste ver cómo los hermanos espirituales de aquellos aventureros de Indias no hallan ya otro destino en la vida que el bandolerismo!

Aquel capitán de los plateados también tenía una leyenda de amores. Era tan famoso por su fiera bravura como por su galán arreo. Señoreaba en los caminos y en las ventas: Con valeroso alarde se mostraba solo, caracoleando el caballo y levantada sobre la frente el ala del chambergo entoquillado de oro. El zarape blanco envolvíale flotante como alquicel morisco. Era hermoso, con hermosura varonil y fiera. Tenía las niñas de los ojos pequeñas, tenaces y brillantes, el corvar de la nariz soberbio, las mejillas nobles y atezadas, los mostachos enhiestos, la barba de negra seda. En la llama de su mirar vibraba el alma de los grandes capitanes, gallarda y de través como los gavilanes de la espada. Desgraciadamente, ya quedan pocas almas así.

¡Qué hermoso destino el de ese Juan de Guzmán, si al final de sus días se hubiese arrepentido y retirado a la paz de un monasterio, para hacer penitencia como San Franco de Sena!

Sin otra escolta que algunos fieles caballerangos, nos tornamos a Veracruz. *La Dalila* continuaba anclada bajo el Castillo de Ulúa, y la divisamos desde larga distancia, cuando nuestros caballos fatigados, sedientos, subían la falda arenosa de una colina. Sin hacer alto atravesamos la ciudad y nos dirigimos a la playa para embarcar inmediatamente. Poco después la fragata hacíase a la vela por aprovechar el viento que corría a lo lejos, rizando un mar verde como mar de ensueño. Apenas flameó la lona, cuando la Niña Chole, despeinada y pálida con la angustia del mareo, fue a reclinarse sobre la borda.

El capitán, con sombrero de palma y traje blanco, se paseaba en la toldilla: Algunos marineros dormitaban echados a la banda de estribor, que el aparejo dejaba en sombra, y dos jarochos que habían embarcado en San Juan de Tuxtlan jugaban al parar sentados bajo un toldo de lona levantado a popa. Eran padre e hijo. Los dos flacos y cetrinos: El viejo con grandes barbas de chivo, y el mozo todavía imberbe. Se querellaban a cada jugada, y el que perdía amenazaba de muerte al gananciosos. Contaba cada cual su dinero, y musitando airada y torvamente lo embolsaba. Por un instante los naipes quedaban esparcidos sobre el zarape puesto entre los jugadores. Después el viejo recogíalos lentamente y comenzaba a barajar de nuevo. El mozo, siempre de mal talante, sacaba de la cintura su bolsa de cuero recamada de oro, y la volcaba sobre el zarape. El juego proseguía como antes.

Lleguéme a ellos y estuve viéndoles. El viejo, que en aquel momento tenía la baraja, me invitó cortésmente y mandó levantar al mozo para que yo tuviese sitio a la sombra. No me hice rogar. Tomé asiento entre los dos jarochos, conté diez doblones fernandinos y los puse a la primera carta que salió. Gané, y aquello me hizo proseguir jugando, aunque desde el primer momento tuve al viejo por

un redomado tahúr. Su mano atezada y enjuta, que hacía
recordar la garra del milano, tiraba los naipes lentamente.
El mozo permanecía silencioso y sombrío, miraba al viejo
de soslayo, y jugaba siempre las cartas que jugaba yo.
Como el viejo perdía sin impacientarse, sospeché que
abrigaba el propósito de robarme, y me previne. Sin em-
bargo, continué ganando.

Ya puesto el sol asomaron sobre cubierta algunos pa-
sajeros. El viejo jarocho empezó a tener corro, y creció su
ganancia. Entre los jugadores estaba aquel adolescente
taciturno y bello que en otra ocasión me había disputado
una sonrisa de la Niña Chole. Apenas nuestras miradas se
cruzaron comencé a perder. Tal vez haya sido superstición,
pero es lo cierto que yo tuve el presentimiento. El adoles-
cente tampoco ganaba: Visto con espacio, parecióme mis-
terioso y extraño: Era gigantesco, de ojos azules y rubio
ceño, de mejillas bermejas y frente muy blanca: Peinábase
como los antiguos nazarenos, y al mirar entornaba los
párpados con arrobo casi místico: De pronto le vi alargar
ambos brazos y detener al jarocho, que había vuelto la
baraja y comenzaba a tirar. Meditó un instante, y luego,
lento y tardío, murmuró:

—Me arriesgo con todo. ¡Copo!

El mozo, sin apartar los ojos del viejo, exclamó:

—¡Padre, copa!

—Lo he oído, pendejo. Ve contando ese dinero.

Volvió la baraja y comenzó a tirar. Todas las miradas
quedaron inmóviles sobre la mano del jarocho. Tiraba
lentamente. Era una mano sádica que hacía doloroso el
placer y lo prolongaba. De pronto se levantó un murmullo.

—¡La sota! ¡La sota!

Aquella era la carta del bello adolescente. El jarocho se
incorporó, soltando la baraja con despecho:

—Hijo, ve pagando...

Y echándose el zarape sobre los hombros, se alejó. El
corro se deshizo entre murmullos y comentos:

—¡Ha ganado setecientos doblones!

—¡Más de mil!

Instintivamente volví la cabeza, y mis ojos descubrieron a la Niña Chole. Allí estaba, reclinada en la borda: Apartábase lánguidamente los rizos que, deshechos por el viento marino, se le metían en los ojos, y sonreía al bello y blondo adolescente. Experimenté tan vivo impulso de celos y de cólera que me sentí palidecer. Si hubiera tenido en las pupilas el poder del basilisco, allí se quedan hechos polvo. ¡No lo tenía, y la Niña Chole pudo seguir profanando aquella sonrisa de reina antigua!...

Cuando se encendieron las luces de a bordo, yo conti-
nuaba en el puente, y la Niña Chole vino a colgarse de mi
brazo, rozándose como una gata zalamera y traidora. Sin
mostrarme celoso, supe mostrarme altivo, y ella se detuvo,
clavándome los ojos con tímido reproche. Después miró
en torno, y alzándose en la punta de los pies me besó celosa:

—¿Estás triste?
—No.
—Entonces ¿enojado conmigo?
—No.
—Sí tal.

Nos hallábamos solos en el puente, y la Niña Chole se
colgó de mis hombros suspirante y quejumbrosa:

—¡Ya no me quieres! ¡Ahora qué será de mí!... ¡Me
moriré!... ¡Me mataré!...

Y sus hermosos ojos, llenos de lágrimas, se volvieron
hacia el mar donde rielaba la luna. Yo permanecí silen-
cioso, aun cuando estaba profundamente conmovido. Ya
cedía al deseo de consolarla, cuando apareció sobre cu-
bierta el blondo y taciturno adolescente. La Niña Chole, un
poco turbada, se enjugó las lágrimas. Creo que la expresión
de mis ojos le dio espanto, porque sus manos temblaban.
Al cabo de un momento, con voz apasionada y contrita
murmuró a mi oído:

—¡Perdóname!

Yo repuse vagamente:

—¿Que te perdone, dices?
—Sí.
—No tengo nada que perdonarte.

Ella se sonrió, todavía con los ojos húmedos:

—¿Para qué me lo niegas? Estás enojado conmigo
porque antes he mirado a ése... Como no le conoces, me
explico tus celos.

Calló, y en su boca muda y sangrienta vi aparecer la

sonrisa de un enigma perverso. El blondo adolescente conversaba en voz baja con un grumete mulato. Se apartaron lentamente y fueron a reclinarse en la borda. Yo pregunté, dominado por una cólera violenta:

—¿Quién es?

—Un príncipe ruso.

—¿Está enamorado de ti?

—No.

—Dos veces le sonreíste...

La Niña Chole murmuró con picaresca alegría:

—Y tres también, y cuatro... Pero seguramente tus sonrisas le conmueven más que las mías... ¡Mírale!

El hermoso, el blondo, el gigantesco adolescente, seguía hablando con el mulato y reclinado en la borda estrechábalc por la cintura. El otro reía alegremente: Era uno de esos grumetes que parecen aculatados en largas navegaciones trasatlánticas por regiones de sol. Estaba casi desnudo, y con aquella coloración caliente de terracota también era hermoso. La Niña Chole apartó los ojos con femenino desdén:

—¡Ya ves que no podía inspirarte celos!

Yo, libre de incertidumbres, sonreí:

—Tú debías tenerlos...

La Niña Chole se miró en mis ojos, orgullosa y feliz:

—Yo tampoco.

—Niña, olvidas que puede sacrificarse a Hebe y a Ganimedes...

Y repentinamente entristecido, incliné la cabeza sobre el pecho. No quise ver más, y medité, porque tengo amado a los clásicos casi tanto como a las mujeres. Es la educación recibida en el Seminario de Nobles. Leyendo a ese amable Petronio, he suspirado más de una vez lamentando que los siglos hayan hecho un pecado desconocido de las divinas fiestas voluptuosas. Hoy, solamente en el sagrado misterio vagan las sombras de algunos escogidos que hacen renacer el tiempo antiguo de griegos y romanos, cuando los efebos coronados de rosas sacrificaban en los altares de Afrodita. ¡Felices y aborrecidas sombras! ¡Me llaman y no puedo seguirlas! Aquel bello pecado, regalo de los dioses y tentación de los poetas, es para mí un fruto hermético. El cielo, siempre enemigo, dispuso que sólo las rosas de Venus floreciesen en mi alma y, a medida que envejezco, eso me desconsuela más. Presiento que debe ser grato, cuando la vida declina, poder penetrar en el jardín de los amores perversos. A mí, desgraciadamente, ni aun me queda la esperanza. Sobre mi alma ha pasado el aliento de Satanás encendiendo todos los pecados: Sobre mi alma ha pasado el suspiro del Arcángel encendiendo todas las Virtudes. He padecido todos los dolores, he gustado todas las alegrías: He apagado mi sed en todas las fuentes, he reposado mi cabeza en el polvo de todos los caminos: Un tiempo fui amado de las mujeres, sus voces me eran familiares: Sólo dos cosas han permanecido siempre arcanas para mí: El amor de los efebos y la música de ese teutón que llaman Wagner.

Permanecimos toda la noche sobre cubierta. La fragata daba bordos en busca del viento, que parecía correr a lo lejos, allá donde el mar fosforescía. Por la banda de babor comenzó a esfumarse la costa, unas veces plana y otras ondulada en colinas. Así navegamos mucho tiempo. Las estrellas habían palidecido lentamente, y el azul del cielo iba tornándose casi blanco. Dos marineros subidos a la cofa de mesana, cantaban relingando el aparejo. Sonó el pito del contramaestre, orzó la fragata y el velamen flameó indeciso. En aquel momento hacíamos proa a la costa. Poco después las banderas tremolaban en los masteleros alegres y vistosas: La fragata daba vista a Grijalba, y rayaba el sol.

En aquella hora el calor era deleitante, fresca la ventolina y con el olor de brea y algas. Percibíanse en el aire estremecimientos voluptuosos. Reía el horizonte bajo un hermoso sol. Ráfagas venidas de las selvas vírgenes, tibias y acariciadoras como aliento de mujeres ardientes, jugaban en las jarcias, y penetraba y enlanguidecía el alma el perfume que se alzaba del oleaje casi muerto. Dijérase que el dilatado Golfo Mexicano sentía en sus verdosas profundidades la pereza de aquel amanecer cargado de pólenes misteriosos y fecundos, como si fuese el serrallo del Universo. A la sombra del foque, y con ayuda de un catalejo marino, contemplé la ciudad a mi talante. Grijalba, vista desde el mar, recuerda esos paisajes de caserío inverosímil, que dibujan los niños precoces: Es blanca, azul, encarnada, de todos los colores del iris. Una ciudad que sonríe. Criolla vestida con trapos de primavera que sumerge la punta de los piececillos lindos en la orilla del puerto. Algo extraña resulta, con sus azoteas enchapadas de brillantes azulejos y sus lejanías límpidas, donde la palmera recorta su gallarda silueta que parece hablar del desierto remoto, y de caravanas fatigadas que sestean a la sombra propicia.

Espesos bosques de gigantescos árboles bordean la ensenada, y entre la masa incierta del follaje sobresalen los penachos de las palmeras reales. Un río silencioso y dormido, de aguas blanquecinas como la leche, abre profunda herida en el bosque, y se derrama en holganza por la playa que llena de islas. Aquellas aguas nubladas de blanco, donde no se espeja el cielo, arrastraban un árbol desarraigado, y en las ramas medio sumergidas revoloteaban algunos pájaros agoreros de quimérico plumaje. Detrás, descendía la canoa de un indio que remaba sentado en la proa. Volaban los celajes al soplo de las brisas y bajo los rayos del sol naciente, aquella ensenada de color verde esmeralda rielaba llena de gracia, como un mar divino y antiguo habitado por sirenas y tritones.

¡Cuán bellos se me aparecen todavía esos lejanos países tropicales! Quien una vez los ha visto, no los olvidará jamás. Aquella calma azul del mar y del cielo, aquel sol que ciega y quema, aquella brisa cargada con todos los aromas de Tierra Caliente, como ciertas queridas muy amadas, dejan en la carne, en los sentidos, en el alma, reminiscencias tan voluptuosas, que el deseo de hacerlas revivir sólo se apaga en la vejez. Mi pensamiento rejuvenece hoy recordando la inmensa extensión destellante de ese Golfo Mexicano, que no he vuelto a cruzar. Por mi memoria desfilan las torres de Veracruz, los bosques de Campeche, las arenas de Yucatán, los palacios de Palenque, las palmeras de Tuxtlan y Laguna... ¡Y siempre, siempre unido al recuerdo de aquel hermoso país lejano, el recuerdo de la Niña Chole, tal como la vi por vez primera entre el cortejo de sus servidores, descansando a la sombra de una pirámide, suelto el cabello y vestido el blanco hipil de las antiguas sacerdotisas mayas!...

Apenas desembarcamos, una turba negruzca y lastimera nos cercó pidiendo limosna. Casi acosados, llegamos al parador que era conventual y vetusto, con gran soportal de piedra, donde unas viejas caducas se peinaban. En aquel parador volví a encontrarme con los jugadores jarochos que venían a bordo de la fragata. Descubríles retirados hacia el fondo del patio, cercanos a una puerta ancha y baja por donde a cada momento entraban y salían caballerangos, charros y mozos de espuela. También allí los dos jarochos jugaban al parar, y se movían querella. Me reconocieron desde lejos, y se alzaron saludándome con muestra de gran cortesía. Luego el viejo entregó los naipes al mozo, y vínose para mí, haciendo profundas zalemas:

—Aquí estamos para servirle, señor. Si le place saber adónde llega una buena voluntad, mande no más, señor.

Y después de abrazarme con tal brío que me alzó del suelo, usanza mexicana que muestra amor y majeza, el viejo jarocho continuó:

—Si quiere tentar la suerte, ya sabe su merced dónde toparnos. Aquí demoramos. ¿Cuándo se camina, mi Señor Marqués?

—Mañana al amanecer, si esta misma noche no puedo hacerlo.

El viejo acaricióse las barbas, y sonrió picaresco y ladino:

—Siempre nos veremos antes. Hemos de saber hasta dónde hay verdad en aquello que dicen: Albur de viajero, pronto y certero.

Yo contesté riéndome:

—Lo sabremos. Esa profunda sentencia no debe permanecer dudosa.

El jarocho hizo un grave ademán en muestra de asentimiento:

—Ya veo que mi Señor Marqués tiene por devoción

cumplimentarla. Hace bien. Solamente por eso merecía ser Arzobispo de México.

De nuevo sonrió picaresco. Sin decir palabra esperó a que pasasen dos indios caballerangos, y cuando ya no podían oírle, prosiguió en voz baja y misteriosa:

—Una cosa me falta por decirle. Ponemos para comienzo quinientas onzas, y quedan más de mil para reponer si vienen malas. Plata de un compadre, señor. Otra vez platicaremos con más espacio. Mire cómo se impacienta aquel manís. Un potro sin rendaje, señor. Eso me enoja... ¡Vaya, nos vemos!...

Y se alejó haciendo fieras señas al mozo para calmar su impaciencia. Tendióse a la sombra, y tomando los naipes comenzó a barajar. Presto tuvo corro de jugadores. Los caballerangos, los boyeros, los mozos de espuela, cada vez que entraban y salían parábanse a jugar una carta. Dos jinetes que asomaron encorvados bajo la puerta, refrenaron un momento sus cabalgaduras, y desde lo alto de las sillas arrojaron las bolsas. El mozo las alzó sopesándolas, y el viejo le interrogó con la mirada: Fue la respuesta un gesto ambiguo: Entonces el viejo le habló impaciente:

—Deja quedas las bolsas, manís. Tiempo hay de contar.

En el mismo momento salió la carta. Ganaba el jarocho, y los jinetes se alejaron: El mozo volcó sobre el zarape las bolsas, y empezó a contar. Crecía el corro de jugadores.

Llegaban los charros haciendo sonar las pesadas y suntuosas espuelas, derribados gallardamente sobre las cejas aquellos jaranos castoreños entoquillados de plata, fanfarrones y marciales. Llegaban los indios ensabanados como fantasmas, humildes y silenciosos apagando el rumor de sus pisadas. Llegaban otros jarochos armados como infantes, las pistolas en la cinta y el machete en bordado tahalí. De tarde en tarde, atravesaba el patio lleno de sol algún lépero con su gallo de pelea: Una figura astuta y maleante, de ojos burlones y de lacia greña, de boca cínica y de manos escuetas y negruzcas, que tanto son de ladrón como de mendigo. Huroneaba en el corro, arriesgaba un mísero tostón y rezongando truhanerías se alejaba.

Yo ansiaba verme a solas con la Niña Chole. La noche de nuestras bodas en el convento se me aparecía ya muy lejana, con el encanto de un sueño que se recuerda siempre y nunca se precisa. Desde entonces habíamos vivido en forzosa castidad, y mis ojos, que aún lo ignoraban todo, tenían envidia de mis manos que todo lo sabían.

En aquel vetusto parador gusté las mayores venturas amorosas, urdidas con el hilo dorado de la fantasía. Quise primero que la Niña Chole se destrenzase el cabello, y vestido el blanco hipil me hablase en su vieja lengua, como una princesa prisionera a un capitán conquistador. Ella obedeció sonriendo. Yo la tenía en mis brazos, y las palabras más bellas y musicales las besaba, sin comprenderlas, sobre sus labios. Después fue nuestro numen Pedro Aretino, y como oraciones, pude recitar en italiano siete sonetos gloria del Renacimiento: Uno distinto para cada sacrificio. El último lo repetí dos veces: Era aquel divino soneto que evoca la figura de un centauro, sin cuerpo de corcel y con dos cabezas. Después nos dormimos.

La Niña Chole se levantó al amanecer y abrió los balcones. En la alcoba penetró un rayo de sol tan juguetón, tan vivo, tan alegre, que al verse en el espejo se deshizo en carcajadas de oro. El sinsonte agitóse dentro de su jaula y prorrumpió en gorjeos: La Niña Chole también gorjeó el estribillo de una canción fresca, como la mañana. Estaba muy bella arrebujada en aquella túnica de seda, que envolvía en una celeste diafanidad su cuerpo de diosa. Me miraba guiñando los ojos y entre borboteos de risas y canciones besaba los jazmines que se retorcían a la reja. Con el cabello destrenzándose sobre los hombros desnudos, con su boca riente y su carne morena, la Niña Chole era una tentación. Tenía despertares de aurora, alegres y triunfantes. De pronto se volvió hacia mí con un mohín delicioso:

—¡Arriba, perezoso! ¡Arriba!

Al mismo tiempo salpicábame a la cara el agua de rosas que por la noche dejara en el balcón a serenar:

—¡Arriba!... ¡Arriba!...

Me eché de la hamaca. Viéndome ya en pie, huyó velozmente alborotando la alcoba con sus trinos. Saltaba de una canción a otra, como el sinsonte los travesaños de la jaula, con gentil aturdimiento, con gozo infantil, porque el día era azul, porque el rayo del sol reía allá en el fondo encantado del espejo. Bajo los balcones resonaba la voz del caballerango que se daba prisa a embridar nuestros caballos. Las persianas caídas temblaban al soplo de matinales auras, y el jazmín de la reja, por aromarlas, sacudía su caperuza de campanillas. La Niña Chole volvió a entrar. Yo la vi en la luna del tocador, acercarse sobre la punta de sus chapines de raso, con un picaresco reír de los labios y de los dientes. Alborozada me gritó al oído:

—¡Vanidoso! ¿Para quién te acicalas?

—¡Para ti, Niña!

—¿De veras?

Mirábame con los ojos entornados, y hundía los dedos entre mis cabellos, arremolinándomelos. Luego reía locamente y me alargaba un espolín de oro para que se lo calzase en aquel pie de reina, que no pude menos de besar. Salimos al patio, donde el indio esperaba con los caballos del diestro: Montamos y partimos. Las cumbres azules de los montes se vestían de luz bajo un sol dorado y triunfal. Volaba la brisa en desiguales ráfagas, húmedas y agrestes como aliento de arroyos y yerbazales. El alba tenía largos estremecimientos de rubia y sensual desposada. Las copas de los cedros, iluminadas por el sol naciente, eran altar donde bandadas de pájaros se casaban, besándose los picos. La Niña Chole, tan pronto ponía su caballo a galope como le dejaba mordisquear en los jarales.

Durante todo el camino no dejamos de cruzarnos con alegres cabalgatas de criollos y mulatos: Desfilaban entre nubes de polvo, al trote de gallardos potros, enjaezados a la usanza mexicana con sillas recamadas de oro y gualdrapas bordadas, deslumbrantes como capas pluviales. Sonaban los bocados y las espuelas, restallaban los látigos, y la cabalgata pasaba veloz a través de la campiña. El sol arrancaba a los arneses blondos resplandores y destellaba fugaz en los machetes pendientes de los arzones. Habían comenzado las ferias, aquellas famosas ferias de Grijalba, que se juntaban y hacían en la ciudad y en los bohíos, en las praderas verdes y en los caminos polvorientos, todo ello al acaso, sin más concierto que el deparado por la ventura. Nosotros refrenamos los caballos que relinchaban y sacudían las crines. La Niña Chole me miraba sonriendo, y me alargaba la mano para correr unidos, sin separarnos.

Saliendo de un bosque de palmeras, dimos vista a una tablada tumultuosa, impaciente con su ondular de hombres y cabalgaduras. El eco retozón de los cencerros acompañaba las apuestas y decires chalanescos, y la llanura parecía jadear ante aquel marcial y fanfarrón estrépito de trotes y de colleras, de fustas y de bocados. Desde que entramos en aquel campo, monstruosa turba de lisiados nos cercó clamorante: Ciegos y tullidos, enanos y lazarados nos acosaban, nos perseguían, rodando bajo las patas de los caballos, corriendo a rastras por el camino, entre aullidos y oraciones, con las llagas llenas de polvo, con las canillas echadas a la espalda, secas, desmedradas, horribles. Se enracimaban golpeándose en los hombros, arrancándose los chapeos, gateando la moneda que les arrojábamos al paso.

Y así entre aquel cortejo de hampones, llegamos al jacal de un negro que era liberto. El paso de las cabalgaduras y el pedigüeño rezo de los mendigos trájole a la puerta antes que descabalgásemos: Al vernos corrió ahuyentando con el rebenque la astrosa turba, y vino a tener el estribo de la Niña Chole, besándole las manos con tantas muestras de humildad y contento cual si fuese una princesa la que llegaba. A las voces del negro acudió toda la prole. El liberto hallábase casado con una tehuana que había sido doncella de la Niña Chole. La mujer levantó los brazos al encontrarse con nosotros:

—¡Virgen de mi alma! ¡Los amitos!

Y tomando de la mano a la Niña Chole, hízola entrar en el jacal:

—¡Que no me la retueste el sol, reina mía, piñoncico de oro, que viene a honrar mi pobreza!

El negro sonreía, mirándonos con sus ojos de res enferma: Ojos de una mansedumbre verdaderamente animal. Nos hicieron sentar, y ellos quedaron en pie. Se miraron, y hablando a un tiempo empezaron el relato de la misma historia:

—Un jarocho tenía dos potricas blancas. ¡Cosa más linda! Blancas como palomas. ¿Sabe? ¡Qué pintura para la volanta de la Niña!

Y aquí fue donde la Niña Chole no quiso oír más:

—¡Yo deseo verlas! ¡Deseo que me las compres!

Habíase puesto en pie, y se echaba el rebocillo apresuradamente:

—¡Vamos! ¡Vamos!

La tehuana reía maliciosamente:

—¡Cómo se conoce que su merced no le satisface ningún antojico!

Dejó de sonreír, y añadió cual si todo estuviese ya resuelto:

—El amito va con mi hombre. Para la Niña está muy calurosa la sazón.

Entonces el negro abrió la puerta, y la Niña Chole me empujó con mimos y arrumacos muy gentiles. Salí acompañado del antiguo esclavo, que, al verse fuera, empezó por suspirar y concluyó salmodiando el viejo cuento de sus tristezas. Caminaba a mi lado con la cabeza baja, siguiéndome como un perro entre la multitud, interrumpiéndose y tornando a empezar, siempre zongueando cuitas de paria y de celoso:

—¡Ella toda la vida con hombres, amito! ¡Una perdición!... ¡Y no es con blancos, niño! ¡Ay, amito, no es con blancos!... A la gran chiva se le da todo por los morenos. ¡Dígame no más que sinvergüenzada, niño!...

Su voz era lastimera, resignada, llena de penas. Verdadera voz de siervo. No le dolía el engaño por la afrenta de hacerle cornudo, sino por la baja elección que la tehuana hacía: Era celoso intermitente, como ocurre con la gente cortesana que medra de sus mujeres. El Duque de Saint Simon le hubiera loado en sus Memorias, con aquel delicado y filosófico juicio que muestra hablando de España, cuando se desvanece en un éxtasis, ante el contenido moral de estas dos palabras tan castizas: Cornudo Consentido.

De un cabo al otro recorrimos la feria. Sobre el lindar del bosque, a la sombra de los cocoteros, la gente criolla bebía y cantaba con ruidoso jaleo de brindis y palmas. Reía el vino en las copas, y la guitarra española, sultana de la fiesta, lloraba sus celos moriscos y sus amores con la blanca luna de la Alpujarra. El largo lamento de las guajiras expiraba deshecho entre las herraduras de los caballos. Los asiáticos, mercaderes chinos y japoneses, pasaban estrujados en el ardiente torbellino de la feria, siempre lacios, siempre mustios, sin que un estremecimiento alegre recorriese su trenza. Amarillentos como figuras de cera, arrastraban sus chinelas entre el negro gentío, pregonando con femeniles voces abanicos de sándalo y bastones de carey. Recorrimos la feria sin dar vista por parte alguna a las tales jacas blancas. Ya nos tornábamos, cuando me sentí detenido por el brazo. Era la Niña Chole: Estaba muy pálida, y aun cuando procuraba sonreír, temblaban sus labios y adiviné una gran turbación en sus ojos: Puso ambas manos en mis hombros y exclamó con fingida alegría:

—Oye, no quiero verte enfadado.

Colgándose de mi brazo, añadió:

—Me aburría, y he salido... A espaldas del jacal hay un reñidero de gallos. ¿No sabes? ¡Estuve allí, he jugado y he perdido!

Interrumpióse volviendo la cabeza con gracioso movimiento, y me indicó al blondo, al gigantesco adolescente, que se descoyuntó saludando:

—Este caballero tiene la honra de ser mi acreedor.

Aquellas extravagancias produjeron en mi ánimo un despecho sordo y celoso, tal, que pronuncié con altivez:

—¿Qué ha perdido esta señora?

Habíame figurado que el jugador rehusaría galantemente cobrar su deuda, y quería obligarle con mi actitud fría y desdeñosa. El bello adolescente sonrió con la mayor cortesía:

—Antes de apostar, esta señora me advirtió que no tenía dinero. Entonces convinimos que cada beso suyo valía cien onzas. Tres besos ha jugado y los tres ha perdido.

Yo me sentí palidecer. Pero cuál no sería mi asombro al ver que la Niña Chole, retorciéndose las manos, pálida, casi trágica, se adelantaba exclamando:

—¡Yo pagaré! ¡Yo pagaré!

La detuve con un gesto, y enfrentándome con el hermoso adolescente, le grité restallando las palabras como latigazos:

—Esta mujer es mía, y su deuda también.

Y me alejé, arrastrando a la Niña Chole. Anduvimos algún tiempo en silencio: De pronto, ella, oprimiéndome el brazo, murmuró en voz muy queda:

—¡Oh, qué gran señor eres!

Yo no contesté. La Niña Chole empezó a llorar en silencio, apoyó la cabeza en mi hombro, y exclamó con un sollozo de pasión infinita:

—¡Dios mío ¡Qué no haría yo por ti!...

Sentadas a las puertas de los jacales, indias andrajosas, adornadas con amuletos y sartas de corales, vendían plátanos y cocos. Eran viejas de treinta años, arrugadas y caducas, con esa fealdad quimérica de los ídolos. Su espalda lustrosa brillaba al sol, sus senos negros y colgantes recordaban las orgías de las brujas y de los trasgos. Acurrucadas al borde del camino, como si tiritasen bajo aquel sol ardiente, medio desnudas, desgreñadas, arrojando maldiciones sobre la multitud, parecían sibilas de algún antiguo culto lúbrico y sangriento. Sus críos tiznados y esbeltos como diablos, acechaban por los resquicios de las barracas, y huroneando se metían bajo los toldos de lona, donde tocaban organillos dislocados. Mulatas y jarochos ejecutaban aquellas extrañas danzas voluptuosas que los esclavos trajeron del África, y el zagalejo de colores vivos flameaba en los quiebros y mudanzas de los bailes sagrados con que a la sombra patriarcal del baobab eran sacrificados los cautivos.

Llegamos al jacal. Yo, ceñudo y de mal talante, me arrojé sobre la hamaca y, con grandes voces, mandé a los caballerangos que ensillasen para partir inmediatamente. La sombra negruzca de un indio asomó en la puerta:

—Señor, el ruano que montaba la Niña tiene desenclavada una herradura... ¿Se la enclavo señor?

Me incorporé en la hamaca con tal violencia, que el indio retrocedió asustado. Volviendo a tenderme le grité:

—¡Date prisa, con mil demonios, Cuactemocín!

La Niña Chole me miró pálida y suplicante:

—No grites. ¡Si supieses cómo me asustas!...

Yo cerré los ojos sin contestar, y hubo un largo silencio, en el interior oscuro y caluroso del jacal. El negro iba y venía con tácitas pisadas, regando el suelo alfombrado de yerba. Fuera se oía el piafar de los caballos y las voces de los indios que, al embridarlos, les hablaban. En el hueco luminoso de la puerta, las moscas del ganado zumbaban su monótona canción estival. La Niña Chole se levantó y vino a mi lado. Silenciosa y suspirante me acarició la frente con dedos de hada: Después me dijo:

—¡Oh!... ¿Serías capaz de matarme si el ruso fuese un hombre?

—No...

—¿De matarlo a él?

—Tampoco.

—¡No harías nada?

—Nada.

—¿Es que me desprecias?

—Es que no eres la Marquesa de Bradomín.

Quedó un momento indecisa, con los labios trémulos. Yo cerré los ojos y esperé sus lágrimas, sus quejas, sus denuestos, pero la Niña Chole guardó silencio, y continuó acariciando mis cabellos como una esclava sumisa.

Al cabo sus dedos de hada borraron mi ceño, y me sentí dispuesto a perdonar. Yo sabía que el pecado de la Niña Chole era el eterno pecado femenino, y mi alma enamorada no podía menos de inclinarse a la indulgencia. Sin duda la Niña Chole era curiosa y perversa como aquella mujer de Lot convertida en estatua de sal, pero, al cabo de los siglos, también la justicia divina se muestra mucho más clemente que antaño con las mujeres de los hombres. Sin darme cuenta caí en la tentación de admirar como una gloria linajuda, aquel remoto abolengo envuelto en una leyenda bíblica, y juzgando indudable que el alto cielo perdonaba a la Niña Chole, entendí que no podía menos de hacer lo mismo el Marqués de Bradomín. Libre el corazón de todo rencor, abrí los ojos bajo el suave cosquilleo de aquellos dedos invisibles, y murmuré sonriente:

—Niña, no sé qué bebedizo me has dado que todo lo olvido...

Ella repuso, al mismo tiempo que sus mejillas se teñían de rosa:

—Es porque no soy la Marquesa de Bradomín.

Y calló, tal vez esperando una disculpa amante, pero yo preferí guardar silencio, y juzgué que era bastante desagravio besar su mano. Ella la retiró esquiva, y, en un silencio lento, sus hermosos ojos de princesa oriental se arrasaron de lágrimas. Felizmente no rodaban aún por sus mejillas, cuando el indio reapareció en la puerta trayendo nuestros caballos del diestro, y pude salir del jacal como si nada de aquel dolor hubiese visto. Cuando la Niña Chole asomó en la puerta, ya parecía serena. Le tuve el estribo para que montase, y un instante después, con alegre y trotante fanfarria, atravesamos el real.

Un jinete cruzó por delante de nosotros caracoleando su caballo, y me pareció que la Niña Chole palidecía al verle y se tapaba con el rebocillo. Yo simulé no advertirlo, y nada dije, huyendo de mostrarme celoso. Después, cuando salíamos al rojo y polvoriento camino, divisé otros jinetes apostados lejos en lo alto de una loma: Y como si allí estuviesen en espera nuestra, bajaron al galope cuando pasamos faldeándola. Apenas lo advertí me detuve, y mandé detener a mi gente. El que venía al frente del otro bando daba fieras voces y corría con las espuelas puestas en los ijares. La Niña Chole, al reconocerle, lanzó un grito y se arrojó a tierra, implorando perdón con los brazos abiertos:

—¡Vuelven a verte mis ojos!... ¡Mátame, aquí me tienes! ¡Mi rey! ¡Mi rey querido!...

El jinete levantó de manos su caballo con amenazador continente, y quiso venir sobre mí. La Niña Chole lo estorbó asiéndose a las riendas desolada y trágica:

—¡Su vida, no! ¡Su vida, no!

Al ver aquella postrera muestra de amor me sentí conmovido. Yo estaba a la cabeza de mi gente que parecía temerosa, y el jinete, alzado en los estribos, la contó con sus ojos fieros, que acabaron lanzándome una mirada sañuda. Juraría que también tuvo miedo: Sin desplegar los labios alzó el látigo sobre la Niña Chole, y le cruzó el rostro. Ella todavía gimió:

—¡Mi rey... ¡Mi rey querido!...

El jinete se dobló sobre el arzón donde asomaban las pistolas, y rudo y fiero la alzó del suelo asentándola en la silla. Después, como un raptor de los tiempos heroicos, huyó lanzándome terribles denuestos. Pálido y mudo vi cómo se la llevaba: Hubiera podido rescatarla, y sin embargo, no lo hice. Yo había sido otras veces un gran pecador, pero entonces al adivinar quién era aquel hombre, sentíame arrepentido. La Niña Chole, por hija y por esposa, pertenecía al fiero mexicano, y mi corazón se humillaba resignado acatando aquellas dos sagradas potestades. Desengañado para siempre del amor y del mundo, hinqué las espuelas al caballo y galopé hacia los llanos solitarios del Tixul, seguido de mi gente que se hablaba en voz baja comentando el suceso. Todos aquellos indios hubieran seguido de buen grado al raptor de la Niña Chole. Parecían fascinados, como ella, por el látigo del General Diego Bermúdez. Yo sentía una fiera y dolorosa

altivez al dominarme. Mis enemigos, los que osan acu-
sarme de todos los crímenes, no podrán acusarme de ha-
ber reñido por una mujer. Nunca como entonces he sido
fiel a mi divisa: Despreciar a los demás y no amarse a sí
mismo.

Encorvados bajo aquel sol ardiente, abandonadas las riendas sobre el cuello de los caballos, silenciosos, fatigados y sedientos, cruzábamos la arenosa sabana, viendo eternamente en la lejanía el lago del Tixul, que ondulaba con movimiento perezoso y fresco, mojando la cabellera de los mimbrales que se reflejaban en el fondo de los remansos encantados... Atravesábamos las grandes dunas, parajes yermos sin brisas ni murmullos. Sobre la arena caliente se paseaban los lagartos con caduca y temblona beatitud de faquires centenarios, y el sol caía implacable requemando la tierra estéril que parecía sufrir el castigo de algún oscuro crimen geológico. Nuestros caballos, extenuados por jornada tan penosa, alargaban el cuello, que se bajaba y se tendía en un vaivén de sopor y de cansancio: Con los ijares fláccidos y ensangrentados, adelantaban trabajosamente enterrando los cascos en la arena negra y movediza. Durante horas y horas, los ojos se fatigaban contemplando un horizonte blanquecino y calcinado. La angustia del mareo pesaba en los párpados, que se cerraban con modorra para abrirse después de un instante sobre las mismas lejanías muertas y olvidadas...

Hicimos un largo día de cabalgata a través de negros arenales, y tal era mi fatiga y tal mi adormecimiento, que para espolear el caballo necesitaba hacer ánimos. Apenas si podía tenerme sobre la montura. Como en una expiación dantesca, veía a lo lejos el verdeante lago del Tixul, donde esperaba hacer un alto. Era ya mediada la tarde, y los rayos del sol dejaban en las aguas una estela de oro cual si acabase de surcarlas el bajel de las hadas... Aún nos hallábamos a larga distancia, cuando advertimos el almizclado olor de los cocodrilos aletargados fuera del agua, en la playa cenagosa. La inquietud de mi caballo, que temblaba levantando las orejas y sacudiendo la crin, me hizo enderezar en la silla, afirmarme y recobrar las riendas que llevaba sueltas sobre el borrén. Como la proximidad de los caimanes le asustaba y el miedo dábale bríos para retroceder piafante, hube de castigarle con la espuela, y le puse al galope. Toda la escolta me siguió. Cuando estuvimos cerca, los cocodrilos entraron perezosamente en el agua. Nosotros bajamos en tropel hasta la playa. Algunos pájaros de largas alas, que hacían nido en la junquera, levantaron el vuelo asustados por la zalagarda de los criados, que entraban en el agua cabalgando, metiéndose hasta más arriba de la cincha. En la otra orilla un cocodrilo permaneció aletargado sobre la ciénaga con las fauces abiertas, con los ojos vueltos hacia el sol, inmóvil, monstruoso, indiferente, como una divinidad antigua.

Vino presuroso mi caballerango a tenerme el estribo, pero yo rehusé apearme. Había cambiado de propósito, y quería vadear el Tixul sin darle descanso a las cabalgaduras, pues ya la noche se nos echaba encima. Atentos a mi deseo los indios que venían en la escolta, magníficos jinetes todos ellos, metiéronse resueltamente lago adelante: Con sus picas de boyeros tanteaban el vado. Grandes y extrañas flores temblaban sobre el terso cristal entre verdosas y repugnantes algas. Los jinetes, silenciosos y casi desnudos, avanzaban al paso con suma cautela: Era un tropel de negros centauros. A lo lejos cruzaban por delante de los caballos islas flotantes de gigantescas ninfeas, y vivaces lagartos saltaban de unas en otras como duendes enredadores y burlescos. Aquellas islas floridas se deslizaban bajo alegre palio de mariposas, como en un lago de ensueño, lenta, lentamente, casi ocultas por el revoloteo de las alas blancas y azules bordadas de oro. El lago del Tixul parecía uno de esos jardines como sólo existen en los cuentos. Cuando yo era niño, me adormecían refiriéndome la historia de un jardín así... ¡También estaba sobre un lago, una hechicera lo habitaba, y en las flores pérfidas y quiméricas, rubias princesas y rubios príncipes tenían encantamento!...

Ya el tropel de centauros nadaba por el centro del Tixul, cuando un cocodrilo que en la otra orilla parecía sumido en éxtasis, entró lentamente en el agua y desapareció... No quise hacer más larga espera en la playa, y halagando el cuello de mi caballo, le fui metiendo en la laguna paso a paso. Cuando tuvo el agua a la cincha comenzó a nadar, y casi al mismo tiempo me reconocí cercado por un copo fantástico de ojos redondos, amarillentos, nebulosos que aparecían solos a flor de agua... ¡Aquellos ojos me miraban, estaban fijos en mí!... Confieso que en tal momento sentí el frío y el estremecimiento del miedo. El sol hallábase en el ocaso, y como yo lo llevaba de frente, me hería y casi me cegaba, de suerte que para esquivarle érame forzoso contemplar las mudas ondas del Tixul, aun cuando me daba vértigo aquel misterio de los caimanes para no dejar fuera del agua más que los ojos monstruosos, ojos sin párpados, que unas veces giran en todos sentidos y otras se fijan con una mirada estacionaria... Hasta que el caballo volvió a cobrar tierra bajo el casco, lanzándose seguro hacia la orilla, no respiré sin zozobra. Mi gente esperaba tendida a lo largo, corriendo y caracoleando. Nos reunimos y continuamos la ruta a través de los negros arenales.

Se puso el sol entre presagios de tormenta. El terral soplaba con furia, removiendo y aventando las arenas, como si quisiese tomar posesión de aquel páramo inmenso todo el día aletargado por el calor. Espoleamos los caballos y corrimos contra el viento y el polvo. Ante nosotros se extendían las dunas en la indecisión del crepúsculo desolado y triste, agitado por las ráfagas apocalípticas de un ciclón. Casi rasando la tierra pasaban bandadas de buitres con revoloteo tardo, fatigado e incierto. Cerró la noche, y a lo lejos vimos llamear muchas hogueras. De tiempo en tiempo un relámpago rasgaba el horizonte y las dunas aparecían solitarias y lívidas. Empezaron a caer gruesas gotas de agua. Los caballos sacudían las orejas y temblaban como calenturientos. Las hogueras, atormentadas por el huracán, se agitaban de improviso o menguaban hasta desaparecer. Los relámpagos, cada vez más frecuentes, dejaban en los ojos la visión temblona y fugaz del paraje inhóspito. Nuestros caballos, con las crines al viento, lanzaban relinchos de espanto y procuraban orientarse, bus· cándose en la oscuridad de la noche bajo el aguacero. La luz caótica de los relámpagos, daba a la yerma vastedad el aspecto de esos parajes quiméricos de las leyendas penitentes: Desiertos de cenizas y arenales sin fin que rodean el Infierno.

Guiándonos por las hogueras, llegamos a un gran raso de hierba donde cabeceaban, sacudidos por el viento, algunos cocoteros desgreñados, enanos y salvajes. El aguacero había cesado repentinamene y la tormenta parecía ya muy lejana. Dos o tres perros salieron ladrando a nuestro encuentro, y en la lejanía otros ladridos respondieron a los suyos. Vimos en torno de la lumbre agitarse y vagar figuras de mal agüero: Rostros negros y dientes blancos que las llamas iluminaban. Nos hallábamos en un campo de jarochos, mitad bandoleros y mitad pastores, que conducían numerosos rebaños a las ferias de Grijalba.

Al vernos llegar galopando en tropel, de todas partes acudían hombres negros y canes famélicos: Los hombres tenían la esbeltez que da el desierto y actitudes de reyes bárbaros, magníficas, sanguinarias... En el cielo la luna, enlutada como viuda ideal, dejaba caer la tenue sonrisa de su luz sobre la ruda y aulladora tribu. A veces entre el vigilante ladrido de los canes y el áspero vocear del pastoreo errante, percibíase el estremecimiento de las ovejas, y llegaban hasta nosotros ráfagas de establo, campesinas y robustas como un aliento de vida primitiva. Sonaban las esquilas con ingrávido campanilleo, ardían en las fogatas haces de olorosos rastrojos, y el humo subía blanco, feliz y cargado de aromas, como el humo de los rústicos y patriarcales sacrificios.

Yo veía danzar entre las lenguas de la llama una sombra femenil indecisa y desnuda: La veía, aun cerrando los ojos, con la fuerza quimérica y angustiosa que tienen los sueños de la fiebre. ¡Cuitado de mí! Era una de esas visiones místicas y carnales con que el diablo tentaba en otro tiempo a los santos ermitaños: Yo creía haber roto para siempre las redes amorosas del pecado, y el Cielo castigaba tanta arrogancia dejándome en abandono. Aquella mujer desnuda, velada por las llamas, era la Niña Chole. Tenía su sonrisa y su mirar. Mi alma empezaba a cubrirse de tristeza y a suspirar románticamente. La carne flaca se estremecía de celos y de cólera. Todo en mí clamaba por la Niña Chole. Estaba arrepentido de no haber dado muerte al incestuoso raptor, y el pensamiento de buscarle a través de la tierrra mexicana se hacía doloroso: Era una culebra enroscada al corazón, que me mordía y me envenenaba. Para libertarme de aquel suplicio, llamé al indio que llevaba de guía. Acudió tiritando:

—¿Qué mandaba, señor?

—Vamos a ponernos en camino.

—Mala es la sazón, señor. Corren ahora muchas torrenteras.

Yo tuve un momento de duda:

—¿Qué distancia hay a la Hacienda de Tixul?

—Dos horas de camino, señor.

Me incorporé violentamente:

—Que ensillen.

Y esperé calentándome ante el fuego, mientras el guía llevaba la orden y se ponía la gente en traza de partir. Mi sombra bailaba con la llama de las hogueras, y alargábase fantástica sobre la tierra negra. Yo sentía dentro de mí la sensación de un misterio pavoroso y siniestro. Quizá iba a mudar de propósito cuando un tropel de indios acudió con mi caballo. A la luz de la hoguera ajustaron las cinchas y repararon las bridas. El guía, silencioso y humilde, vino a tomar el diestro. Monté y partimos.

Caminamos largo tiempo por un terreno onduloso, entre cactus gigantescos que, sacudidos por el viento, imitaban rumor de torrentes. De tiempo en tiempo la luna rasgaba los trágicos nubarrones e iluminaba nuestra marcha derramando yerta claridad. Delante de mi caballo volaba, con silencioso vuelo, un pájaro nocturno: Se posaba a corta distancia, y al acercarme agitaba las negras alas e iba a posarse más lejos lanzando un graznido plañidero que era su canto. Mi guía, supersticioso como todos los indios, creía entender en aquel grito la palabra judío, y cuando oía esta ofensa que el pájaro le lanzaba siempre al abrir las sombrías alas, replicaba gravemente:

—¡Cristiano, y muy cristiano!

Yo le interrogué:

—¿Qué pájaro es ése?

—El tapa-caminos, señor.

De esta suerte llegamos a mis dominios. La casa, mandada edificar por un virrey, tenía el aspecto señorial y campesino que tienen en España las casas de los hidalgos. Un tropel de jinetes estaba delante de la puerta. A juzgar por su atavío eran plateados. Formaban rueda, y las calabazas llenas de café corrían de mano en mano. Los chambergos bordados brillaban a la luz de la luna. En mitad del camino estaba apostado un jinete: Era viejo y avellanado: Tenía los ojos fieros y una mano cercenada. Al acercarnos nos gritó:

—¡Ténganse allá!

Yo respondí de mal talante enderezándome en la silla:

—Soy el Marqués de Bradomín.

El viejo partió al galope y reunióse con los que apuraban las calabazas de café ante la puerta. Yo distinguí claramente a la luz de la luna, cómo se volvían los unos a los otros, y cómo se hablaban tomando consejo, y cómo después recobraban las riendas y se partían. Cuando yo llegué,

la puerta estaba franca y aún se oía el galope de caballos.
El mayordomo que esperaba en el umbral adelantóse a
recibirme, y tomando la montura del rendaje tornóse hacia
la casa, gritando:

—¡Sacad acá un candil!... ¡Alumbrad la escalera!

En lo alto de la ventana asomó la forma negra de una
vieja con un velón encendido:

—¡Alabado sea Dios que le trujo con bien por medio de
tantos peligros!

Y para alumbrarnos mejor, encorvábase fuera de la
ventana y alargaba su brazo negro, que temblaba con el
velón. Entramos en el zaguán y casi al mismo tiempo
reaparecía la vieja en lo alto de la escalera:

—¡Alabado sea Dios, y cómo se le conoce la mucha
nobleza y generosidad de su sangre!

La vieja nos guió hasta una sala enjalbegada, que tenía
todas las ventanas abiertas. Dejó el velón sobre una mesa
de torneados pies, y se alejó:

—¡Alabado sea Dios, y qué juventud más galana!

Me senté, y el mayordomo quedóse a distancia con-
templándome. Era un antiguo soldado de Don Carlos,
emigrado después de la traición de Vergara. Sus ojos ne-
gros y hundidos tenían un brillo de lágrimas. Yo le tendí
la mano con familiar afecto:

—Siéntate, Brión... ¿Qué tropa era ésa?

—Plateados, señor.

—¿Son amigos tuyos?

—¡Y buenos amigos!... Aquí hay que vivir como vivía
en sus cortijos de Andalucía mi señora la Condesa de
Barbazón, abuela de vuecencia. José María la respetaba
como a una reina, porque tenía en mi señora su mejor
madrina...

—¿Y estos cuatreros mexicanos tienen el garbo de los
andaluces?

Brión bajó la voz para responder:

—Saben robar... No les impone el matar... Tienen dis-
curso... Y con todo no llegan a los ladrones de la Andalucía.
Les falta la gracia, que es al modo de la sal en la vianda.

¡Y no son los de la Andalucía más guapos en el arreo! ¡No es el arreo!

En aquel momento entró la vieja a decir que estaba dispuesta la colación. Yo me puse en pie, y ella tomó la luz de encima de la mesa para alumbrarme el camino.

Acostéme rendido, pero el recuerdo de la Niña Chole me
tuvo desvelado hasta cerca del amanecer. Eran vanos todos
mis esfuerzos por ahuyentarle: Revoloteaba en mi memo-
ria, surgía entre la niebla de mis pensamientos, ingrávido,
funambulesco, torturador. Muchas veces, en el vago trán-
sito de la vigilia al sueño, me desperté con sobresalto. Al
cabo, vencido por la fatiga, caí en un sopor febril, poblado
de pesadillas. De pronto abrí los ojos en la oscuridad. Con
gran sorpresa mía hallábame completamente despierto.
Quise conciliar otra vez el sueño, pero no pude conseguir-
lo. Un perro comenzó a ladrar debajo de mi ventana y
entonces recordé vagamente haber escuchado sus ladridos
momentos antes, mientras dormía. Agitado por el desvelo
me incorporé en las almohadas. La luz de la luna esclarecía
el fondo de la estancia, porque yo había dejado abiertas las
ventanas a causa del calor. Me pareció oír voces apagadas
de gente que vagaba por el huerto. El perro había enmu-
decido, las voces se desvanecían. De nuevo quedó todo en
silencio, y en medio del silencio oí el galope de un caballo
que se alejaba. Me levanté para cerrar la ventana. La can-
cela del huerto estaba abierta, y sentí nacer una sospecha,
aun cuando el camino rojo, iluminado por la luna, veíase
desierto entre los susurrantes maizales. Permanecí algún
tiempo en atalaya. Aquellos campos parecían muertos bajo
la luz blanca de la luna: Sólo reinaba sobre ellos el viento
murmurador. Sintiendo que el sueño me volvía, cerré la
ventana. Sacudido por largo estremecimiento me acosté.
Apenas había cerrado los ojos cuando el eco apagado de
algunos escopetazos me sobresaltó: Lejanos silbidos eran
contestados por otros: Volvía a oírse el galope de un ca-
ballo. Iba a levantarme cuando quedó todo en silencio.
Después, al cabo de mucho tiempo, resonaron en el huerto
sordos golpes de azada, como si estuviesen cavando una
cueva. Debía ser cerca del amanecer, y me dormí. Cuando

el mayordomo entró a despertarme, dudaba si había soñado: Sin embargo, le interrogué:

—¿Qué batalla habéis dado esta noche?

El mayordomo inclinó la cabeza tristemente:

—¡Esta noche han matado al valedor más valedor de México!

—¿Quién le mató?

—Una bala, señor.

—¿Una bala, de quién?

—Pues de algún hijo de mala madre.

—¿Ha salido mal el golpe de los plateados?

—Mal, señor.

—¿Tú llevas parte?

El mayordomo levantó hasta mí los ojos ardientes:

—Yo, jamás, señor.

La fiera arrogancia con que llevó su mano al corazón, me hizo sonreír, porque el viejo soldado de Don Carlos, con su atezada estampa y el chambergo arremangado sobre la frente, y los ojos sombríos, y el machete al costado, lo mismo parecía un hidalgo que un bandolero. Quedó un momento caviloso, y luego, manoscando la barba, me dijo:

—Sépalo vuecencia: Si tengo amistad con los plateados, es porque espero valerme de ellos... Son gente brava y me ayudarán... Desde que llegué a esta tierra tengo un pensamiento. Sépalo vuecencia: Quiero hacer Emperador a Don Carlos V.

El viejo soldado se enjugó una lágrima. Yo quedé mirándole fijamente:

—¿Y cómo le daremos un Imperio, Brión?

Las pupilas del mayordomo brillaron enfoscadas bajo las cejas grises:

—Se lo daremos, señor... Y después la Corona de España.

Volví a preguntarle con una punta de burla:

—¿Pero ese Imperio cómo se lo daremos?

—Volviéndole estas Indias. Más difícil cosa fue ganarlas en los tiempos antiguos de Hernán Cortés. Yo tengo el libro de esa Historia. ¿Ya lo habrá leído vuecencia?

Los ojos del mayordomo estaban llenos de lágrimas. Un rudo temblor que no podía dominar agitaba su barba berberisca. Se asomó a la ventana, y mirando hacia el camino guardó silencio. Después suspiró:

—¡Esta noche hemos perdido al hombre que más podía ayudarnos! A la sombra de aquel cedro está enterrado.

—¿Quién era?

—El capitán de los plateados, que halló aquí vuecencia.

—¿Y sus hombres han muerto también?

—Se dispersaron. Entró en ellos el pánico. Habían secuestrado a una linda criolla, que tiene harta plata, y la dejaron desmayada en medio del camino. Yo, compadecido, la traje hasta aquí. ¡Si quiere verla vuecencia!

—¿Es linda de veras?

—Como una santa.

Me levanté, y precedido de Brión, salí. La criolla estaba en el huerto, tendida en una hamaca colgada de los árboles. Algunos pequeñuelos indios, casi desnudos, se disputaban mecerla. La criolla tenía el pañuelo sobre los ojos y suspiraba. Al sentir nuestros pasos volvió lánguidamente la cabeza y lanzó un grito:

—¡Mi rey!... ¡Mi rey querido!...

Sin desplegar los labios le tendí los brazos. Yo he creído siempre que en achaques de amor todo se cifra en aquella máxima divina que nos manda olvidar las injurias.

Feliz y caprichosa me mordía las manos mandándome estar quieto. No quería que yo la tocase. Ella sola, lenta, muy lentamente desabrochó los botones de su corpiño y desentrenzó el cabello ante el espejo, donde se contempló sonriendo. Parecía olvidada de mí. Cuando se halló desnuda, tornó a sonreír y a contemplarse. Semejante a una princesa oriental, ungióse con esencias. Después, envuelta en sedas y encajes, tendióse en la hamaca y esperó: Los párpados entornados y palpitantes, la boca siempre sonriente, con aquella sonrisa que un poeta de hoy hubiera llamado estrofa alada de nieve y rosas. Yo, aun cuando parezca extraño, no me acerqué. Gustaba la divina voluptuosidad de verla, y con la ciencia profunda, exquisita y sádica de un decadente, quería retardar todas las otras, gozarlas una a una en la quietud sagrada de aquella noche. Por el balcón abierto se alcanzaba a ver el cielo de un azul profundo apenas argentado por la luna. El céfiro nocturno traía del jardín aromas y susurros: El mensaje romántico que le daban las rosas al deshojarse. El recogimiento era amoroso y tentador. Oscilaba la luz de las bujías, y las sombras danzaban sobre los muros. Allá en el fondo tenebroso del corredor, el reloj de cuco, que acordaba el tiempo de los virreyes, dio las doce. Poco después cantó un gallo. Era la hora nupcial y augusta de la media noche. La Niña Chole murmuró a mi oído:

—¡Dime si hay nada tan dulce como esta reconciliación nuestra!

No contesté, y puse mi boca en la suya queriendo así sellarla, porque el silencio es arca santa del placer. Pero la Niña Chole tenía la costumbre de hablar en los trances supremos, y después de un momento suspiró:

—Tienes que perdonarme. Si hubiésemos estado siempre juntos, ahora no gozaríamos así. Tienes que perdonarme.

¡Aun cuando el pobre corazón sangraba un poco, yo la perdoné! Mis labios buscaron nuevamente aquellos labios crueles. Fuerza, sin embargo, es confesar que no he sido un héroe, como pudiera creerse. Aquellas palabras tenían el encanto apasionado y perverso que tienen esas bocas rampantes de voluptuosidad, que cuando besan muerden. Sofocada entre mis brazos, murmuró con desmayo:

—¡Nunca nos hemos querido así! ¡Nunca!

La gran llama de la pasión, envolviéndonos toda temblorosa en su lengua dorada, nos hacía invulnerables al cansancio, y nos daba la noble resistencia que los dioses tienen para el placer. Al contacto de la carne, florecían los besos en un mayo de amores. ¡Rosas de Alejandría, yo las deshojaba sobre sus labios! ¡Nardos de Judea, yo los deshojaba sobre sus senos! Y la Niña Chole se estremecía en delicioso éxtasis, y sus manos adquirían la divina torpeza de las manos de una virgen. Pobre Niña Chole, después de haber pecado tanto, aún no sabía que el supremo deleite sólo se encuentra tras los abandonos crueles, en las reconciliaciones cobardes. A mí me estaba reservada la gloria de enseñárselo. Yo, que en el fondo de aquellos ojos creía ver siempre el enigma oscuro de su traición, no podía ignorar cuánto cuesta acercarse a los altares de Venus Turbulenta. Desde entonces compadezco a los desgraciados que, engañados por una mujer, se consumen sin volver a besarla. Para ellos será eternamente un misterio la exaltación gloriosa de la carne.

OBRA COMPLETA DE RAMÓN
DEL VALLE-INCLÁN EN ESPASA CALPE

TEATRO

El Marqués de Bradomín, ed. Ángela Ena (A 382).
El Yermo de las Almas, ed. Ángela Ena (A 382).
Voces de Gesta (CA 415).
Cuento de Abril (CA 415).
La Marquesa Rosalinda, ed. de César Oliva (A 113); ed. crítica
   de Leda Schiavo (CC 25).
*Tablado de Marionetas (Farsa italiana de la enamorada del Rey /
   Farsa infantil de la cabeza del dragón / Farsa y licencia de la
   reina castiza)*, ed. de César Oliva (A 129); ed. crítica de Jorge
   Urrutia (CC 36).
Luces de Bohemia, ed. de Alonso Zamora Vicente (A 1, CC 180).
Divinas Palabras, ed. de Gonzalo Sobejano (A 378); ed. crítica
   de Luis Iglesias Feijoo (CC 26).
Cara de Plata (Comedias Bárbaras, I), ed. de Ricardo Doménech
   (A 342); cd. crítica de Antón Risco (CC 21).
Águila de Blasón (Comedias Bárbaras, II), ed. de Ricardo
   Doménech (A 343); ed. crítica de Antón Risco (CC 34).
Romance de Lobos (Comedias Bárbaras, III), ed. de Ricardo
   Doménech (A 344); ed. crítica de Antón Risco (CC 35).
*Retablo de la Avaricia, la Lujuria y la Muerte (Ligazón / La rosa de
   papel / El embrujado / La cabeza del bautista / Sacrilegio)*, ed. de
   Ricardo Doménech (A 170); ed. crítica de Jesús Rubio (CC 37).
*Martes de Carnaval (Las galas del difunto / Los cuernos de don
   Friolera / La hija del capitán)*, ed. de Jesús Rubio Jiménez
   (A 256); ed. crítica de Ricardo Senabre (CC 18).

TEATRO PARA JÓVENES

La cabeza del dragón (AJ 22).

PROSA

Femeninas. Epitalamio, intr. de Antonio de Zubiaurre (A 372).
Corte de Amor, ed. de Joaquín del Valle-Inclán (A 339).
Jardín Umbrío, ed. de Miguel Díez Rodríguez (A 284).
Flor de Santidad, ed. de Arcadio López Casanova (A 375).
Sonata de Primavera, intr. de Pere Gimferrer (A 37).
Sonata de Estío, intr. de Pere Gimferrer (A 37).
Sonata de Otoño, ed. de Leda Schiavo (A 61).
Sonata de Invierno, ed. de Leda Schiavo (A 61).
Los Cruzados de la Causa (Guerras Carlistas, I), ed. de Miguel
    L. Gil (A 328); ed. crítica de María José Alonso Seoane (CC 222).
El Resplandor de la Hoguera (Guerras Carlistas, II), ed. de Miguel
    L. Gil (A 329); ed. crítica de María José Alonso Seoane (CC 223).
Gerifaltes de Antaño (Guerras Carlistas, III), ed. de Miguel
    L. Gil (A 330); ed. crítica de María José Alonso Seoane (CC 223).
Tirano Banderas, ed. de Alonso Zamora Vicente (A 319, CC 30).
La Corte de los Milagros (El Ruedo Ibérico, I), ed. de José Ma-
    nuel García de la Torre (A 108).
Viva mi Dueño (El Ruedo Ibérico, II), ed. de José Manuel García
    de la Torre (A 193).
*Baza de Espadas. Fin de un revolucionario (El Ruedo Ibéri-
    co, III),* ed. de José Manuel García de la Torre (A 253).
La Media Noche, ed. de Arcadio López Casanova (A 375).

ESTÉTICA. POESÍA

La Lámpara Maravillosa, ed. de Francisco Javier Blasco (A 368).
Claves Líricas, ed. de José M.ª Servera Baño (A 362).

VARIA

Varia (cuentos, teatro y poesía), ed. de Joaquín del Valle-Inclán
    (A 379).